Geldanlage Basics

GELD-ANLAGE BASICS

Stiftung Warentest

Inhaltsverzeichnis

01 Finanzwissen zum Start

02 Aktiv oder passiv investieren?

Finanzwissen zum Start

Grundwissen zum Wertpapierdepot

Wer Aktien oder ETF kaufen möchte, braucht ein Wertpapierdepot. Das klingt komplizierter, als es ist. Hier sind die wichtigsten Fakten schnell erklärt.

Ohne ein Wertpapierdepot geht in der Geldanlage kaum etwas. Anlegerinnen und Anleger müssen zunächst ein Depot eröffnen, ehe sie Investmentfonds, Aktien, Anleihen oder andere Wertpapiere kaufen können. Mit der Entscheidung für ein Depot legt man die künftigen Kosten für Kauf, Verkauf und Verwahrung der Wertpapiere fest. Manche Anbieter haben mehrere Depotmodelle mit unterschiedlichen Leistungen und Preisen.

Wertpapiere sind vor Insolvenz geschützt

Jedes Wertpapierdepot hat wie ein Girokonto eine eindeutige Identifikationsnummer, die Depotnummer. In dem Wertpapierdepot gibt es keinen Barbestand. Anlegende benötigen deshalb ein zusätzliches Verrechnungskonto für die Abwicklung von Wertpapiertransaktionen. Die Guthaben bei allen von uns getesteten Banken unterliegen der gesetzlichen Einlagensicherung. Die Wertpapiere im Depot bleiben auch dann im Besitz des Anlegers, wenn die depotführende Bank Pleite gehen sollte.

Depots mit oder ohne Betreuung

Wer ein Depot bei einer Filialbank eröffnet, kann sich für alle Fragen rund um den Wertpapierhandel an seinen Kundenbetreuer wenden. Bei den meist deutlich billigeren Depots von Direktbanken oder Online-Brokern gibt es meist nur eingeschränkte oder keine Beratung. Bei vielen Filialbanken können Anleger, die dort ein zusätzliches Online-Depot haben, eine Order wahlweise mit Beratung abwickeln oder kostengünstiger selbst am Computer aufgeben. Die Verwahrgebühren bleiben aber manchmal unverändert hoch.

Anlageerfahrung entscheidet über Risikoeinstufung

Zur Eröffnung eines Depots müssen Sie den Wertpapierhandelsbogen (WpHG) ausfüllen. Das ist gesetzlich vorgeschrieben. Aus den Erfahrungen des Anlegers mit mehr oder weniger riskanten Wertpapieren ergibt sich seine Risikoeinstufung. Sie entscheidet darüber, ob etwa der Kauf von Aktien oder hochriskanter Anlagen wie Optionsscheinen oder Hebelzertifikaten überhaupt möglich ist.

Den Antrag zur Depoteröffnung füllt man entweder gemeinsam mit seinem Berater aus oder bei Onlinedepots am Computer. Online-Kunden müssen sich außerdem für die Depoteröffnung legitimieren – über das sogenannte Postident-Verfahren unter Vorlage eines Ausweisdokuments in einer Postfiliale oder per Videoident im Bildschirmdialog am Computer. Eine weitere Möglichkeit bietet der digitale Personalausweis, den man allerdings für diesen Zweck vorher aktivieren muss.

Die Anbieter erheben für die Dienstleistungen rund ums Wertpapierdepot sehr unterschiedliche Kosten. Bei vielen Banken zahlen Anleger jedes Jahr für die Verwahrung von Fonds und Wertpapieren, bei anderen Instituten, vor allem Direktbanken, Online- und Neobrokern, ist die Verwahrung kostenlos. Auch die Gebühren für den Kauf und Verkauf von Wertpapieren variieren je nach Anbieter.

Depotauswahl – nicht nur auf den Preis achten

Anlegende können viel Geld sparen, wenn sie sich für ein billiges Depot entscheiden. Das kommt der Rendite ihrer Geldanlage zugute. Für die Auswahl eines Depots sind aber auch andere Kriterien wichtig, etwa die Anzahl der Börsenplätze und das Angebot an Fonds- und ETF-Sparplänen. Auch der Umfang und Bedienkomfort des Online-Auftritts oder der Depot-App sind für viele Anleger wichtig. Von neu an den Markt gekommenen Smartphone-Brokern sollte man nicht den gleichen Service erwarten wie von einer Filialbank.

Wer mit seinem Depot zu einer anderen Bank umziehen möchte, kann dies jederzeit tun. Der Wechsel ist nach der Rechtsprechung des Bundesgerichtshofs (BGH) kostenlos, kann aber einige Zeit dauern – im Extremfall auch mal einige Monate. Anlegerinnen und Anleger sollten nach dem Umzug stets überprüfen, ob die Anschaffungsdaten der Wertpapiere von der neuen Bank korrekt übernommen wurden. Das ist wichtig für die Versteuerung von Gewinnen oder der Verrechnung von Verlusten bei einem späteren Verkauf.

Abgeltungssteuer wird abgezogen

Wenn Anleger Wertpapiere mit Gewinn verkaufen oder Einnahmen aus Dividenden oder Ausschüttungen erzielen, zieht die depotführende Bank automatisch Abgeltungsteuer ab. Durch einen Freistellungsauftrag kann man dem Abzug bis zur Höchstgrenze von 1000 Euro pro Jahr (Verheiratete 2000 Euro) vorbeugen.

ETF und börsengehandelte Fonds – was bedeutet das?

ETF ist die Abkürzung für Exchange Traded Funds – „börsengehandelte Fonds". Ist das etwas Besonderes? Was den Handel mit ETF von dem mit anderen Fonds unterscheidet.

Wer sich mit Geldanlage beschäftigt, stößt schnell auf die Abkürzung ETF für Exchange Traded Funds. Sie sind die beste Lösung für Anlegerinnen und Anleger, um breit gestreut und günstig in Aktien, Anleihen oder Rohstoffe zu investieren. Die Stiftung Warentest zeichnet geeignete ETF daher als „1. Wahl“ aus, um Anlegern die Auswahl zu erleichtern.

ETF sind börsengehandelte Fonds. Es gibt ETF sowohl als Aktienfonds wie auch als Rentenfonds, Rohstofffonds oder Mischfonds. Ein Fonds sammelt Geld der Anleger und legt es in verschiedene Werte an. ETF lassen sich jederzeit an der Börse kaufen und verkaufen.

Der Begriff ETF wird dabei, auch von uns, meist synonym mit Indexfonds verwendet. Das ist streng genommen nicht ganz korrekt. ETF steht nur als Abkürzung für Exchange Traded Funds, also börsengehandelte Fonds – ohne „Index“. In den meisten Fällen zeichnen ETF zwar einen Index nach – aber nicht zwangsläufig. Wir erklären in diesem Kapitel, wo die Unterschiede liegen und warum ETF nicht immer so selbstverständlich waren, wie es heute scheint.

Deswegen gibt es ETF

Indexfonds gab es, bevor es ETF gab. Ihre Geschichte ist eng verbunden mit der modernen Finanzmarktforschung und personell mit Jack Bogle, dem Gründer von Vanguard, der 1975 seinen ersten Indexfonds auflegte. Er wurde zu Beginn für seine Idee ausgelacht, mit der Geldanlage „passiv“ einem Index zu folgen. Es dauerte eine Weile, bis die erfolgreichen Ergebnisse dieser Anlageform verdeutlichten, wie gut Indexfonds tatsächlich im Vergleich zu aktiv verwalteten Fonds sind.

Indexfonds als ETF in der heutigen Form gab es erst später: Auslöser für die neuartige ETF-Konstruktion war der Börsencrash 1987. Bis dahin konnten Anleger ihre

Fonds nur über die Fondsgesellschaft kaufen und zurückgeben. Während des Crashs fiel der Nachteil auf, dass Fondsanleger immer nur mit Zeitverzug ihre Fonds handeln konnten und dass die Kurse weiter gedrückt werden, je mehr Aktien die Fonds nach Anteilsrückgaben verkaufen müssen.

ETF als Problemlöser

ETF sollten diese Probleme entschärfen. Sie sollten zum einen wie Aktien börsenhandelbar sein und nicht erst mit ein oder zwei Tagen Verzögerung zu unbekannten Preisen – so wie es heute noch bei normalen Fonds üblich ist. Zum anderen sollten im ETF ganze Aktienkörbe gehandelt werden, ohne dass Einzelaktien verkauft werden müssen. Dadurch sollte der Preisdruck bei Einzelaktien in einem Crash gemindert werden.

Vieles an ETF war aber so neu, dass die Zulassung in den USA vier Jahre gedauert hat – 1993 startete der erste ETF auf den S&P 500. In Kanada ging es mit der Zulassung schneller, dort startete der erste ETF 1990. Erst im April 2000 gab es die ersten ETF an der Deutschen Börse.

Mehr als nur Indexfonds

Auch wenn ETF nicht für Indizes erdacht wurden, so zeigt der Rückblick, dass sie schon immer stark mit dem Indexfonds-Konzept verbunden waren. Denn mit ETF auf Indizes wird ein Problem umgangen: Die Börsenhandelbarkeit von ETF setzt voraus, dass alle involvierten Parteien wie Anleger, Banken und Broker und nicht nur die ETF-Gesellschaft den Wert des ETF ständig leicht ermitteln können. Wenn der ETF einen bekannten Index abbildet, ist das sehr einfach, weil dessen Wert sowieso schon stetig ermittelt und in Echtzeit publiziert wird. Der wichtigste Aktienindex für ETF-Anleger ist der MSCI World (siehe S. 44).

Auch das Absichern und Nachbilden eines ETFs ist einfacher, wenn er sich an einem bekannten Index orientiert. Solche Indizes haben meist bereits bestehende Finanzprodukte wie Futures – das sind Verträge, bei denen sich Käufer und Verkäufer darauf einigen, einen bestimmten Wert (zum Beispiel den Index) zu einem festgelegten Preis und Zeitpunkt in der Zukunft zu handeln. Diese Futures und andere Instrumente helfen dabei, für ETF präziser und einfacher korrekte Kurse zu stellen.

Bei einem individuellen Aktienkorb wird alles etwas komplizierter. Aber es gibt auch aktiv verwaltete ETF. Populär wurde dieses Konzept unter anderem durch den ARK Innovation ETF von Cathie Woods. Das Konzept aktiv gemanagter ETF gibt es aber schon länger.

Nicht nur für Aktien

So wie ETF meist mit Indexfonds verbunden werden, waren ETF zu Beginn auch in erster Linie Aktienprodukte. Aber das ETF-Konstruktionsprinzip passt auch auf Anleihen und Rohstoffe, und solche ETF sind inzwischen selbstverständlich. ETF versprechen auch bei Anleihen Effizienzgewinne. Weil der Markt für Anleihen intransparenter und zersplitterter ist als der Aktienmarkt, ist der Kauf von hunderten Anleihen über einen ETF viel einfacher, als sich selbst einen Anleihe-Korb zusammenzustellen.

ETF sind juristisch gesehen genauso Fonds wie die aktiv gemanagten Fonds. Das wird auch am Namen deutlich: ETF müssen „Ucits ETF“ im Namen tragen, „Ucits“ steht für die europäischen Fondsregeln, die jeder Fonds erfüllen muss, um europaweit einfach vertrieben werden zu können (Ucits = undertaking for collective investment in transferable securities, auf deutsch „Ogaw“ = Organismus für gemeinsame Anlagen in Wertpapieren). Zusätzlich gibt es für ETF jedoch Ausnahmen und zusätzliche Regeln, die sie beachten müssen.

Besonderheit des Börsenhandels

Was ist nun das Besondere an ETF als „börsengehandelten Fonds“? Schließlich gibt es in Deutschland tausende „normale“ Fonds, die hier an Börsen handelbar sind, ohne dass es ETF wären. Es gibt tatsächlich deutliche Unterschiede zwischen ETF und den anderen Fonds, die eventuell auch an einer Börse gehandelt werden.

Market Maker sorgen für Liquidität und Effizienz

Die ETF-Gesellschaft beauftragt einen Market Maker, den sogenannten Authorized Participant („AP“, manchmal auch Designated Sponsor genannt). Das sind eigene Abteilungen der großen Banken oder Wertpapierhandelshäuser, die kontinuierlich Kauf- und Verkaufskurse für den ETF stellen, um den Handel zu erleichtern und die Liquidität zu gewährleisten. Market Maker sorgen dafür, dass zur Not sie als Käufer oder Verkäufer auftreten, selbst wenn es gerade keine passende „echte“ Gegenpartei am

Markt gibt. Sie verdienen am Spread (Spanne) zwischen dem Kauf- und Verkaufspreis, für die jedoch Höchstgrenzen festgelegt werden.

Die Authorized Participants der ETF sind mit den Börsenplätzen weltweit verbunden und analysieren alle relevanten Kurse ständig und in Sekundenbruchteilen, um daraus ETF-Kurse abzuleiten. Das führt bei Aktien-ETF auf Standard-Indizes zu Spreads unter 0,1 Prozent – auch wenn die Indizes über 1000 Aktien aus verschiedenen Zeitzonen umfassen.

Der Handel von ETF geschieht in einem speziellen Börsensegment, in Deutschland zum Beispiel auf Xetra in Frankfurt, aber auch über lokale Börsen wie die Börse Stuttgart, Tradegate Exchange oder LS-Exchange.

Normale Fonds haben höhere Handelsspannen

Bei normalen Fonds, die an der Börse gelistet sind, gibt es diese Mechanismen nicht. Die normalen Fonds weisen meist Spannen von ein oder zwei Prozent aus, da hier für den Market Maker die Transparenz des Fondsinventars fehlt. Auch normale Fonds können zum Börsenhandel von einem Market Maker aufgenommen werden. Dies kann aber passieren, ohne dass die Fondsgesellschaft dies unterstützt oder wünscht. Der Market Maker kann dann entweder nur Angebot und Nachfrage zusammenbringen oder auch versuchen, selber Fondsanteile zu kaufen und zu verkaufen. Diese handelt er dann im Anschluss mit dem Fondsanbieter, so wie es alle Banken für ihre Kunden machen, die Fonds kaufen. Für den passenden Börsenpreis ist der Market Maker dann selbst verantwortlich. Die handelbaren Volumen sind in der Regel kleiner als bei ETF.

ETF-Anteile werden durch Lieferung von Aktien erstellt

Durch geregelte Prozesse ist auch die Schaffung neuer ETF-Anteile möglich: Die ETF-Gesellschaft erlaubt dem Authorized Participant, ETF gegen einen Wertpapierkorb oder Geld zu tauschen. Dieser Prozess ist für ETF einzigartig. Er trägt den Namen „Creation / Redemption"-Prozess.

Auf diese Weise kann der Market Maker über die Börse ETF-Anteile verkaufen, seine Positionen über den Tag absichern und später seine Absicherungspositionen gegen ETF beim Anbieter eintauschen. Dazu übermittelt der ETF-Anbieter gegebenenfalls täglich die Bestandteile des Aktienkorbes, gegen den der Market Maker ETF-Anteile tauschen kann. Diese Aktien sind bei einem Indexfonds Bestandteile des abgebildeten Index. So kauft der Authorized Participant im Prinzip die Aktien oder Wertpapiere, die nachher im Fondsvermögen landen. Dadurch wächst das Fondsvermögen, es wurden neue ETF-Anteile geschaffen.

Wenn der AP mehr ETF kauft als verkauft, läuft es umgekehrt. Das Fondsvermögen sinkt, es gibt weniger ETF-Anteile. Es kann auch statt eines Aktienkorbes Geld gegen ETF-Anteile getauscht werden.

Wie aus kleinen Beträgen Tausende Euro werden

Wenige Zehntelprozent können viel ausmachen: Kleine Kostenunterschiede können darüber entscheiden, wie hoch der Gewinn einer Anlage ausfällt.

Schnäppchen jagen ist mühsam. Vor allem, wenn es um Finanzen geht – womit sich nur wenige gern auseinandersetzen – greifen viele zum erstbesten Angebot, das vertrauenswürdig erscheint. Auch wenn es ein bisschen mehr kostet. 5 000 Euro mal schnell angelegt und nicht auf die Kosten geachtet? „Ach, kostet mich höchstens einen Kaffee pro Monat morgens beim Bäcker." Das ist falsch. Es ist vielleicht die am meisten unterschätzte Erkenntnis zum Thema Geldanlage: Auf die laufenden Kosten zu achten, ist wichtig. Denn genauso wie der Zinseszins über die Zeit den Ertrag exponentiell wachsen lässt, genauso schmälern die laufenden Kosten den Ertrag exponentiell – und es bleibt immer weniger übrig.

Beispiel 1 – Einmalanlage, 20 Jahre

Wie aus einer plötzlich fünf Tassen Kaffee pro Monat werden: Ein Anleger investiert 5 000 Euro in einen aktiv gemanagten Fonds, der 1,8 Prozent jährliche Kosten aufweist. Er zahlt damit 1,5 Prozentpunkte mehr als mit einem deutlich günstigeren ETF, der nur 0,3 Prozent kostet. Das sind grob überschlagen 75 Euro pro Jahr – oder eben ein bis zwei Tassen Kaffee pro Monat beim Bäcker. Nicht die Welt, oder?

Wer langfristig rechnet, stellt jedoch fest, dass die Kosten viel stärker ins Kontor schlagen: 5 000 Euro für 20 Jahre in den Welt-Aktienmarkt angelegt, kann vor Kosten gut 7 Prozent pro Jahr abwerfen. Bei einem ETF mit 0,3 Prozent Kosten bleiben immerhin 6,7 Prozent übrig, mit dem teureren Aktienfonds sind es nur noch 5,1 Prozent pro Jahr.

Mit dem ETF werden aus 5 000 Euro in 20 Jahren 18 220 Euro, das entspricht einem Gewinn von 13 220 Euro. Mit dem aktiven Fonds würde der Anleger nur 8 455 Euro Gewinn machen – knapp 4 800 Euro weniger! Das entspricht schon eher fünf Getränken pro Monat, nicht einem (4 800 Euro durch 20 Jahre durch 12 Monate = 20 Euro.) Und am Ende sind diese verpassten 4 800 eine Menge Geld, auch wenn wir von ein paar Kaffees pro Monat sprechen.

Beispiel 2 – Sparplan, 40 Jahre

Den exponentiellen Kosteneinfluss gibt es natürlich auch bei einem Sparplan. Er ist ein wenig kleiner, weil bei einem Sparplan die durchschnittliche Bindung des Vermögens kürzer ist – man legt sein Geld sukzessive an, die ersten Einzahlungen sind länger, die letzten kürzer angelegt. Aber die entgangenen Gewinne durch unnötige Kosten tun auch hier weh.

Wer mit Mitte 20 anfängt, 400 Euro monatlich in einen Welt-Aktienfonds einzuzahlen und bis 65 durchhält, kann ein beachtliches Vermögen aufbauen. Über die 40 Jahre fließen so 192 000 Euro in den Sparplan. Mit einem ETF, der 0,3 Prozent pro Jahr kostet, können Sparende im

Schnitt einen Gewinn von 722000 Euro erzielt haben (zusätzlich zu den eigenen Einzahlungen). Mit einem Fonds, der 1,8 Prozent kostet schrumpft der Gewinn auf 414000 Euro. Das sind mehr als 300000 Euro weniger – und das nur, weil man dachte, die Kosten wären nicht so wichtig.

Je länger die Sparzeit, desto stärker schlagen die Kosten zu Buche

Dass die Kosten mit längerer Laufzeit immer mehr ins Kontor schlagen ist wie beim Zinseszinseffekt, der seine Wirkung auch erst langfristig ausspielt. Prozentual machen die Kosten aber keinen Unterschied bei großen oder kleinen Anlagebeträgen. Aber es ist natürlich klar, dass jemand, der mehr anlegt, auch größere Summen an Gewinn einbüßt, wenn er nicht auf die Kosten achtet.

Ein anderer Einflussfaktor ist die durchschnittliche Rendite der Anlage. In unseren Beispielen haben wir mit einer Bruttorendite von 7 Prozent pro Jahr gerechnet, die man bisher langfristig mit einer weltweit gestreuten Aktienanlage erzielen konnte. Wer aber etwa in Mischfonds anlegt, die im Schnitt weniger risikoreich sind und weniger Rendite bieten, der verliert prozentual noch mehr. Je niedriger die Rendite der Geldanlage, desto stärker mindern die Kosten – prozentual gesehen – den Gewinn.

Tausende Euro haben oder nicht haben

Zahlreiche Menschen werden über lange Perioden ihres Lebens in irgendeiner Form sparen. Auch wer wenig spart, kann leicht tausende Euro an Mehrertrag verspielen, wenn er nicht schaut, was es kostet.

Kosten reduzieren geht übrigens mit wenig Aufwand: Ein typischer Renditefresser sind Depotkosten. In unserem Depotkostenvergleich finden Sie günstige Angebote. Was die Fonds angeht, ist es günstiger – und meist auch erfolgreicher – auf breit gestreute, markttypische Welt-ETF zu setzen statt auf aktive Fonds. Suchen Sie in unserem Fondsfinder einfach nach 1. Wahl-ETF aus der Fondsgruppe Aktien Welt. Auch bei Tagesgeld und Festgeld gibt es große Zinsunterschiede.

100 000 Euro als Sparziel: So viel müssen Sie sparen nach Steuern und Inflation

Je höher die Inflation, desto mehr müssen Anlegerinnen und Anleger sparen, um ihre Kaufkraft zu erhalten. Wir zeigen, wie hoch die Sparrate sein muss, um sein Sparziel auch real zu erreichen.

Die Europäische Zentralbank (EZB) strebt im Euroraum eine langfristige Inflationsrate von gemittelt zwei Prozent an. Steigt die Inflationsrate, heißt das für Anlegerinnen und Anleger, die ein bestimmtes reales Sparziel verfolgen, dass sie eigentlich monatlich mehr zur Seite legen müssten. Auch wenn es vielen schwerfällt, mehr zu sparen, da wegen der hohen Inflation die monatlichen Ausgaben steigen und weniger zum Sparen übrig ist – manche Leserinnen und Leser fragen uns, welche Auswirkungen die hohen Inflationsraten auf die nötigen Sparraten haben und ob sie ihren Sparplan anpassen sollten.

Schauen wir uns also für einen ETF-Sparplan an, welche Auswirkungen Steuern und verschieden hohe Inflationsraten auf die monatliche Sparrate haben, um die 100 000 Euro real zu erreichen.

Sparziel 100 000 Euro – aber real

Je höher die durchschnittliche Inflationsrate über die gesamte Spardauer ist, desto höher ist das nominale Sparziel – falls man die Kaufkraft erhalten will. Statt beispielsweise auf nominal 100 000 Euro in zehn Jahren hinzuarbeiten, müsste man bei einer durchschnittlichen Inflationsrate von zwei Prozent sein Sparziel auf rund 122 000 Euro erhöhen (100 000*(1,02)^10) – und entsprechend mehr monatlich sparen.

Weitere Faktoren, die den Sparbetrag beeinflussen, sind die Spardauer, die durchschnittliche Sparplanrendite des Aktien-ETF, Steuern und Sparplankosten. Dies sind unsere Annahmen für unsere Berechnungen:

→ **Inflationsrate:** Wir gehen nicht davon aus, dass die Inflationsrate im Durchschnitt über einen langen Zeitraum so hoch sein wird wie im Jahr 2022. Daher schauen wir uns an, welche Auswirkungen Inflationsraten in Höhe von 2 Prozent sowie 4 Prozent haben würden.

→ **Vorsteuerrendite:** Wir nehmen an, dass die durchschnittliche Rendite über die Spardauer 6 Prozent pro Jahr beträgt, wovon 2 Prozent auf die Dividendenrendite entfallen.

→ **Steuern:** Die Teilfreistellung beim Aktien-ETF beträgt 70 Prozent. Die Dividendenrendite ist immer größer als der Basiszins. Die Abgeltungssteuer beträgt 26,375 Prozent (Abgeltungssteuer plus Soli-Beitrag). Wir gehen der Einfachheit halber davon aus, dass der Sparerfreibetrag von Anfang an ausgeschöpft ist.

→ **Sparplankosten:** Wir unterstellen mittelgünstige Online-Sparplangebühren in Höhe von 1,5 Prozent pro Sparbetrag.

Das sind die Ergebnisse

Ohne Steuern und Inflation müsste eine Anlegerin, die nach 20 Jahren gern real 100 000 Euro hätte, monatlich 222 Euro in ihren Aktien-ETF stecken. Nach Steuern wären es 36 Euro mehr, nämlich 258 Euro monatlich.

Liegt die Inflationsrate wie von der EZB angepeilt bei 2 Prozent, erhöht sich der monatliche Sparbetrag um weitere 125 Euro auf 383 Euro monatlich. Bei 4 Prozent Inflation wären es dann nochmals 181 Euro mehr – insgesamt 564 Euro monatlich.

Fazit: Sparziel besser feinjustieren

Die geringen Sparplangebühren von 1,5 Prozent haben nur kleine Auswirkungen auf den nötigen Sparbetrag. Anders sähe es aus, wenn die Sparplangebühren hoch sind, wie es manche Filialbanken verlangen. Anleger sollten auf günstige Sparplananbieter achten.

Durch die Steuer erhöhen sich die nötigen monatlichen Sparbeträge je nach Laufzeit um 25 bis 50 Euro. Ist der Sparerfreibetrag anfänglich noch nicht ausgeschöpft, wie von uns angenommen, wären die nötigen Sparbeträge nach Steuern geringer.

Hohe Inflationsraten haben den größten Einfluss auf die nötige Sparrate. Anleger sollten dabei beachten, dass zeitweise hohe Inflationsraten nicht bedeuten, dass es auch über 10 oder 20 Jahre so hohe Preissteigerungen geben wird. Das Inflationsziel der EZB liegt bei 2 Prozent. Auch kann jede Anlegerin zumindest in einem gewissen Umfang ihre persönliche Inflationsrate durch ihr Konsumverhalten beeinflussen.

Je länger der Zeitraum, desto geringer die nötige Sparrate. Zudem ist es bei längeren Zeiträumen unwahrscheinlich, dass die Inflationsrate im Durchschnitt sehr hoch sein wird.

Je höher die Sparplanrendite, desto weniger muss gespart werden – beziehungsweise umso mehr gibt es am Ende bei gleichem Sparbetrag. Anleger sollten auf ein gut aufgestelltes Portfolio achten. Für die langfristige Geldanlage lohnen sich breit streuende Aktien-ETF oder ein Pantoffel-Portfolio. Mit den Aktien-Crashs zwischendurch müssen Anleger jedoch leben können.

Verkaufssprüche unter der Lupe

Beim Anlegen geht es um viel Geld – nicht nur ums eigene. Wir stellen beliebte Argumente der Berater, Fondsanbieter und Vermittler auf den Prüfstand. Nicht alles passt.

Die Finanzindustrie möchte nur das Beste für Anlegerinnen und Anleger, so scheint es zumindest. Inzwischen haben die meisten verstanden, dass es auch ums Geld der Banken geht: Berater, Beraterinnen, Fondsanbieter, Vermittler – sie müssen und wollen alle Geld verdienen und bemühen dazu auch gerne Argumente, die sich bei näherer Betrachtung als falsch herausstellen.

„Wollen Sie wirklich nur den Durchschnitt?"
Ein beliebtes Argument für den Verkauf aktiv gemanagter Fonds und gegen marktbreite ETF ist: „Wollen Sie sich wirklich nur mit dem Durchschnitt zufriedengeben?" Denn ETF auf marktbreite Indizes bieten in der Tat erstmal nur das: die durchschnittliche Marktrendite. Es wird suggeriert: Mit aktiven Fonds kann man mehr rausholen.

Das ist sogar richtig – aber nur, wenn man das „kann" betont. Ja, es gibt immer aktive Fondsmanager, die in der Vergangenheit mehr herausgeholt haben als den Marktdurchschnitt. Aber das müssen nicht die sein, die auch in Zukunft mehr herausholen werden – dazu ist der Einfluss von Pech und Glück zu groß. Und sie benötigen nicht nur einfaches Glück, um den Markt zu schlagen, sondern gleich doppeltes Glück. Sie müssen nämlich zusätzlich auch noch die höheren Kosten im Vergleich zu ETF wieder hereinholen.

Vor diesem Hintergrund ist ein marktbreiter ETF schlicht die bessere Wahl, weil er auch in Zukunft meist unter den Top-Fonds landen wird. Er wird nicht durch hohe Kosten ausgebremst und sein Erfolg hängt nicht vom geschickten Händchen eines Managers ab. Wer aktive Fonds wählt, hat eine kleine Chance, besser als der Markt abzuschneiden. Doch die Chance, schlechter abzuschneiden, ist größer. Das heißt, im Durchschnitt werden Anleger mit aktiven Fonds unter der Marktrendite liegen.

„Qualität hat ihren Preis."

Ein Klassiker, sollte eine Kundin, ein Kunde einen Fonds zu teuer finden. Denn wer möchte nicht Qualität? Wer billig kauft, kauft schließlich zweimal, oder? Das kann stimmen, muss aber nicht, wie so einige unserer Produkttests zeigen, bei denen oft auch günstige Produkte vorn liegen. Auch unsere Finanzanalysen kommen immer wieder zu dem Schluss, dass aktive Fonds langfristig nicht besser abschneiden als die günstigeren ETF. Damit kann man sich die Kosten für den Fondsmanager auch sparen.

Gut zu wissen: Die laufenden Kosten aktiver Fonds enthalten auch Provisionen für den Fondsvertrieb. Damit sollen die Kosten für die Beratung abgedeckt werden. Ärgerlich: Selbst wenn Anleger den Fonds bei einem Online-Broker kaufen, der sie nicht berät, fallen die laufenden Kosten genauso hoch aus.

Ungefähr so teilen sich die Kosten in einem aktiven Fonds auf: Rund 10 Prozent fallen für die Verwaltung an. Darunter fallen etwa das Prospekt, die Jahresberichte und die Kosten bei der Depotbank. Weitere rund 10 Prozent Handelskosten entstehen bei Kauf und Verkauf der Wertpapiere innerhalb des Fonds. Etwa 40 Prozent fallen allein für den Manager an, weitere rund 40 Prozent laufen für Vertrieb und Beratung auf.

Auf aktives Management können Anleger getrost verzichten. Wer zusätzlich auf Beratung verzichten kann, nutzt am besten ETF. Dann wird die Geldanlage deutlich günstiger – ohne Qualitätseinbußen.

„ETF? Sie wollen doch keine schlechten Aktien in Ihrem Fonds haben!"

Immer wieder wird behauptet, dass ETF den großen Nachteil hätten, auch in „schlechte" Aktien zu investieren. Nun, wenn es für die Profis immer so einfach wäre, nur die Guten ins Töpfchen zu holen, gäbe es eine große Auswahl toller, aktiv verwalteter Fonds. Die gibt es aber nicht.

Der Grund ist einfach: Anlageerfolg wird zum großen Teil durch Glück und Pech bestimmt. Durch Stockpicking, also eine gezielte Aktienauswahl, langfristig eine bessere Rendite zu erzielen, ist eine Illusion. Ja, es stimmt: In einem Index, und somit auch im ETF, sind künftige Gewinner genauso enthalten wie künftige Verlierer. In einem aktiv gemanagten Fonds ist es jedoch nicht anders. Auch sie setzen nicht nur auf die besten Titel der Zukunft. Das zeigt sich im Anlageerfolg: Trotz der „schlechten" Aktien in ETF lassen diese die aktiv gemanagten Fonds meist hinter sich.

„Langfristig werden Fondsmanager besser sein.“

Gerne wird auch seitens der Fondsmanager argumentiert, dass sie zwar nicht die Glaskugel hätten, um das recht kurzfristige und erratische Auf und Ab der Kurse vorherzusagen. Doch würden langfristig wieder die Kennzahlen zum Tragen kommen, die sie analysieren und berechnen können. Dass es sich hier um ein vereinfachtes Bild der Aktienkursentwicklungen handelt, ist klar. Aber es klingt nicht unplausibel.

Wenn Fondsmanagement jedoch so funktionieren würde, wie hier beschrieben, dann müsste man über längere Zeiträume mehr bessere Manager finden als über kurze Zeiträume. Das Gegenteil ist der Fall. Je länger der Zeitraum, in welchem man Fondsmanager mit dem Marktdurchschnitt vergleicht, desto schlechter schneiden sie ab.

„Partizipieren Sie am Wirtschaftswachstum!“

Insbesondere wenn Berater Anlegern eine Investition in Aktien aus Schwellenländern schmackhaft machen wollen, greifen Sie gerne zum Argument, damit würde man ganz einfach vom tollen Wirtschaftswachstum dort profitieren können. Doch ein hohes Wirtschaftswachstum bedeutet nicht zwingend florierende Aktienkurse. Die Ökonomien der Schwellenländer sind in den vergangenen Jahren oft stärker gewachsen als die der Industrieländer, aber bei den Aktienkursen war es umgekehrt.

Zwei mögliche Gründe, warum der Zusammenhang aus Wirtschaftswachstum und Aktienentwicklung so schwach sein könnte: Nur ein Teil der Unternehmen ist börsennotiert. Zum Wachstum tragen aber auch die anderen bei.

Aktiengesellschaften und die Wirtschaft eines Landes haben also oft nur eine kleine Schnittmenge. Entsprechend wenig korrelieren sie. An der Börse wird die Zukunft gehandelt, heißt es. Wirtschaftswachstum wird aber für die Vergangenheit berechnet. Die eine Größe schaut also nach vorne (mit all den Unwägbarkeiten), die andere zurück.

Wer an seinem Berater hängt

Filialbankkunden, die Beratung wünschen, werden in der Regel nicht die von uns mit 1. Wahl ausgezeichneten ETF empfohlen bekommen. Hier sind die gemanagten Fonds des Bankpartners angesagt. Aber auch da ist die Auswahl groß und Berater empfehlen nicht immer, was wir für sinnvoll erachten.

Um Anleger zu unterstützen, die bei ihrem Filialbankberater bleiben möchten, analysieren wir auch aktiv verwaltete Fonds verschiedener Bankengruppen und prüfen sie auf langfristige Stabilität und Anlageerfolg. Manche können wir dann als Kompromiss empfehlen: Wir zeichnen sie als „stabile Fonds" aus. Sie sind nicht so empfehlenswert wie marktbreite ETF, aber taugen aus unserer Sicht am ehesten für den langfristigen Vermögensaufbau – wenn man bei seiner Filiale bleiben möchte.

Um diese Fonds zu finden, klicken Sie in der Suchmaske unseres Fondsfinders unter test.de/fonds auf „Alle Fonds". Auf der nächsten Seite wählen Sie „Weitere Filter" und dort „Stiftung Warentest: Stabile Fonds" aus. Klicken Sie dann „Stabile aktive Fonds aus Filialbanken" an.

Wie Sie den richtigen ETF für Ihre Anlageziele finden

Aus tausenden ETF den richtigen zu finden, fällt nicht immer leicht. Unser Fondsfinder hilft Ihnen dabei. So funktioniert er.

Die Zahl der in Deutschland gehandelten ETF steigt stetig. 2004 waren gerade mal 54 ETF an der Frankfurter Börse notiert, heute geht es steil auf die 3000 zu. Dass ist aber immer noch weit entfernt von den rund 20000 aktiv gemanagten Fonds, die es in Deutschland zu kaufen gibt. In unserem Fondsfinder unter test.de/fonds finden Anlegerinnen und Anleger alle Fonds.

Erst Aufteilung, dann Fondsauswahl

Bevor sich Anlegerinnen und Anleger auf der Suche nach den besten Fonds in die Tabellen oder unseren Fondsfinder stürzen, sollten sie überlegen, auf welche Anlageklassen sie ihr Vermögen aufteilen wollen – die sogenannte Asset Allocation. Die wichtigsten Anlageklassen sind dabei globale Aktien und Euro-Anleihen. Eine einfache Mischung dieser beiden Assets bietet unser Pantoffel-Portfolio, das Anleger in einer defensiven, ausgewogenen oder offensiven Variante zusammenstellen können.

Optionen für Beimischungen sind Gold, Schwellenländer-Aktien, Aktien Deutschland oder Unternehmensanleihen.

Ein Portfolio für den langfristigen Vermögensaufbau

Wer mit der Geldanlage mit ETF gerade erst anfängt und ein ETF-Depot neu aufbauen möchte, mit dem er möglichst wenig Arbeit hat, bleibt bei unseren Basisfondsgruppen. Das sind Aktien Welt sowie Euro-Staatsanleihen. Je nach gewähltem Mischungsverhältnis aus Aktien und Anleihen können Sie damit das Risiko Ihrer Geldanlage genau einstellen (siehe „Das Pantoffel-Portfolio", S. 82).

Wer ohne große Recherche loslegen möchte, startet mit einem monatlichen ETF-Sparplan mit einem ETF auf den Weltaktien-Index MSCI World.

Wer sich näher mit dem Börsengeschehen beschäftigen und bei seiner Geldanlage auch eigene Prioritäten setzen möchte, kann ein Aktien-Welt-Portfolio auch selbst zusammenbauen. Dabei setzt man am besten auf die großen regionalen Aktienmärkte USA, Europa, Japan und eventuell Schwellenländer. Wie alternative Welt-Portfolios aussehen können, lesen Sie im Kapitel „Mit ETF nach Wirtschaftskraft investieren", ab S. 107. Gold oder ETF aus anderen, spezielleren Fondsgruppen können das Portfolio als kleinere Beimischungen abrunden (siehe „Investieren in Gold", S. 173 sowie „Rüstungs-ETF – Investment mit ethischen Fragezeichen", S. 186).

Punktebewertung oder 1. Wahl

Wir vergeben das Siegel „1. Wahl" sowohl für klassische, marktbreite als auch für marktähnliche, nachhaltige ETF. Wer nur auf diese dauerhaft guten Fonds setzt, schneidet in den meisten Fondsgruppen langfristig am besten ab.

Gerade bei Aktien Welt ist das die sinnvollste Vorgehensweise. Unsere Analyse zeigt: In den großen Fondsgruppen Aktien Welt und Aktien USA gehören die 1. Wahl-ETF dauerhaft zu den besten 25 Prozent ihrer Fondsgruppe – mit höherer Stabilität als nicht marktbreite ETF und als aktive Fonds. In den Fondsgruppen Aktien Deutschland und Schwellenländer liegen die marktbreiten ETF eher im Mittelfeld.

Mit Fünf-Punkte-Fonds anlegen

Alle mindestens fünf Jahre alten Fonds, die wir nicht als 1.-Wahl ausgezeichnet haben, erhalten eine Punktebewertung – sofern sich ein Referenzindex für die Fondsgruppe definieren lässt. Das ist nicht immer der Fall. Die Punktebewertung hängt hauptsächlich vom Chance-Risiko-Verhältnis des Fonds ab. Es gibt fünf Punkte für die besten Fonds und nur einen Punkt für sehr schlechte Fonds.

Man kann versuchen, mit top bewerteten ETF den jeweiligen Referenzindex zu übertreffen. Solche Fonds gibt es aber nur selten. Für das Anlegen mit Fünf-Punkte-Fonds haben wir eine eigene Strategie entwickelt. Bei dieser Fünf-Punkte-Strategie mit ETF müssen Sie die Fondsentwicklung regelmäßig beobachten und die ETF austauschen, sobald sie in der Bewertung schlechter werden (siehe „Fünf-Punkte-Strategie“ ab S. 125 sowie ab S. 128).

Anlagestile wie Dividenden oder Value

Wer auf bestimmte Anlagestile wie Value, Dividenden oder Momentum setzen möchte, findet alle Details dazu im Kapitel „Sieben Anlagestrategien, die Sie kennen sollten“, S. 95. Wir stellen vor, welche Anlagestrategien es gibt und was sich hinter den einzelnen Anlagestilen verbirgt. Mit diesen Stil-ETF, von manchen auch Faktor-ETF oder Smart-Beta-ETF genannt, können Anleger sich zum Beispiel ein alternatives Welt-Portfolio zusammenstellen. Phasenweise lief es besser als ein reiner Welt-ETF. Ob das in Zukunft auch so sein wird, ist aber nicht ausgemacht.

Nachhaltigkeit berücksichtigen

Anleger, die möglichst nachhaltig anlegen wollen, finden in unserem Fondsfinder unter test.de/fonds auch dazu viele hilfreiche Informationen. In wichtigen Fondsgruppen hilft unsere Nachhaltigkeitsbewertung bei der Orientierung. Wir vergeben maximal fünf Punkte für die Nachhaltigkeit eines Fonds.

Und so funktioniert die Nachhaltigkeitsbewertung: Die Bewertung der Ausschlusskriterien macht 50 Prozent der Gesamtnote aus. In die anderen 50 Prozent fließen weitere Auswahlkriterien ein, etwa welche Auswahlstrategien der Fondsanbieter verfolgt, wie streng er bei der Auswahl der Aktien vorgeht oder ob er einen unabhängigen Nachhaltigkeitsbeirat einsetzt. Weitere Details erfahren Sie im Kapitel „Strenge Namensregeln für grüne Fonds“, S. 102.

Als Basisanlage für nachhaltig orientierte Anlegerinnen und Anleger eignen sich ETF in den Basisfondsgruppen, bei denen der Anlagestil als „Marktähnlich, nachhaltig“ gekennzeichnet ist. Für alle ETF in Fondsgruppen ohne Nachhaltigkeitsbewertung zeigen wir, ob sie Nachhaltigkeitskriterien berücksichtigen, erkennbar am „N“ in der grünen Spalte „Nachhaltigkeit“.

Wichtig für Anleger, die viel Wert auf Nachhaltigkeit legen: Nachhaltige Aktien-ETF, die einen Index abbilden, haben maximal mittelstreng abgeschnitten.

Erträge ausschütten oder thesaurieren

Viele Investmentfonds werden sowohl in ausschüttenden als auch thesaurierenden Tranchen angeboten. Anlegerinnen und Anleger können sich also aussuchen, ob sie die regelmäßigen Fondserträge aus Dividenden oder Zinsen auf ihr Verrechnungskonto überwiesen oder direkt im Fonds reinvestiert haben wollen. Die unmittelbare Überführung ins Fondsvermögen, Thesaurierung genannt, ist für den Vermögensaufbau am sinnvollsten.

Denselben Effekt erzielen Sie, wenn Sie bei einem ausschüttenden Fonds die Erträge selbst wieder anlegen (lassen). Das sollte möglichst kostenlos erfolgen. Diese Option gibt es leider lediglich bei einer überschaubaren Anzahl von Banken und Brokern.

Manche Anleger wollen sogar bewusst ausschüttende ETF haben, weil sie die regelmäßigen Gutschriften für ihre Vermögensrente einsetzen oder weil sie den Steuerpauschbetrag ausschöpfen wollen.

Wir geben die Ertragsverwendung in den Tabellen, in unseren Heften und im ETF-Spezialheft als kleines T beziehungsweise kleines A neben dem Fondsnamen an. In unserem Fondsfinder unter test.de/fonds wird die Ertragsverwendung jedes Fonds im Namen angegeben: „Acc“ steht für accumulating (ansammelnd, also thesaurierend), „Dist“ für distributing (verteilend, also ausschüttend).

„Echte" Aktien oder künstliche Indexnachbildung mit Swap

Swap oder nicht Swap – das ist für manche ETF-Liebhaber keine wirkliche Frage, denn sie wollen in ihren Fonds die gleichen Aktien haben, die in den Indizes stecken. Es gibt bei der sogenannten physischen ETF-Nachbildung auch eine sogenannte optimierte Version, die nur eine repräsentative Auswahl der Indextitel enthält. Bei Indizes mit mehreren Tausend Aktien kann das aus Kostengründen sehr sinnvoll sein.

Sogenannte Swap-ETF enthalten andere Wertpapiere als der Index. Sie setzen Tauschgeschäfte (Englisch: Swaps) ein, um die Indexentwicklung nachzuzeichnen. Wir halten sie nicht für riskanter als ETF mit realer Nachbildung. Swap-Fonds haben wir in den Heft-Tabellen mit dem Buchstaben „S" gekennzeichnet. Im Fondsfinder finden Anleger die Angabe unter „Indexnachbildung".

Wechselkursrisiko nur bei Renten-ETF ein wichtiges Thema

Die Fondswährung sagt nichts über das Wechselkursrisiko aus. Entscheidend ist grundsätzlich, in welcher Währung die im Index enthaltenen Wertpapiere notiert sind. Bei Aktienfonds sehen wir das Wechselkursrisiko als nachrangig an. Wer es dennoch beseitigen will, kann auf sogenannte währungsgesicherte ETF setzen.

Wenn Sie Renten-ETF ins Depot nehmen, um es auf diese Weise stabiler zu machen, sollten Sie nur Euro-Anleihen oder Anleihen, die in Euro abgesichert sind, auswählen.

Aktiv oder passiv investieren?

Sind Einzelaktien besser als ETF?

Analysten, Finfluencer und selbst ernannte Experten preisen die Vorteile ihrer Anlage mit Einzelaktien. Warum es trotzdem besser ist, auf Aktien-ETF zu setzen.

Unsere Finanz-Expertinnen und -Experten empfehlen für die Aktienanlage weltweit anlegende, breit streuende Aktien-ETF, die wir mit 1. Wahl auszeichnen. So einen ETF meinen wir, wenn wir im Folgenden von ETF sprechen. Viele Influencer im Finanzbereich, sogenannte Finfluencer kaufen dagegen lieber Aktien einzelner Unternehmen, die sie aufgrund ihrer privaten Analyse meinen, als zukunftsträchtig identifiziert zu haben, oder weil sie deren Produkte verwenden und glauben, diese zu verstehen. Sind unsere Finanz-Expertinnen und -Experten also ihrerseits auf dem Holzweg?

Vorweg: Natürlich gibt es Anleger, die zum richtigen Zeitpunkt viel Geld in eine bestimmte Aktie gesteckt haben und damit reich geworden sind. Man sollte sich zur

Beurteilung der optimalen Geldanlage aber nie auf einzelne Erfolgsgeschichten stützen. Diese sogenannte „anekdotische Evidenz“ ist kein Beweis für eine gute Anlagestrategie. Weil oft beobachtete Lobpreisungen auf Einzelaktien in die Irre führen können, fassen wir das Für und Wider der Einzelaktienanlage zusammen.

Wir vergleichen diese beiden Anlagephilosophien miteinander, in dem wir uns anschauen, was die Theorie sagt, was sich empirisch feststellen lässt und was die einzelnen Anlagemethoden in der Praxis bedeuten.

Die Theorie: Streuung ist wichtig

Das bekannteste und seit Jahrzehnten als Maßstab herangezogene „theoretische Kapitalmarktmodell“ aus den 60er Jahren hat erstmals mathematisch erklärt, was bis dahin beobachtet wurde, aber nicht wirklich erklärt werden konnte: dass Streuung sinnvoll ist. Das Modell stellt einen Zusammenhang zwischen Renditechance und Risiko her und zeigt, dass die beste Anlage sich nicht alleine durch die beste Rendite auszeichnet, sondern durch das beste Verhältnis von Rendite zu Risiko – und das kann nur durch breite Streuung erreicht werden.

Das spricht erst einmal nicht gegen ein Portfolio aus Einzelaktien, aber eine breite und effiziente Streuung mit Einzelaktien ist deutlich schwerer zu erreichen als mit Fonds, wie wir weiter unten ausführen werden.

Um eine gute Streuung zu erreichen, sollten Anlegerinnen und Anleger Aktien auswählen, deren Auf und Ab möglichst unabhängig voneinander läuft. Das gelingt näherungsweise am einfachsten, wenn man Aktien verschiedener Branchen und aus verschiedenen Ländern mischt. Aber wie viele Aktien benötigt man für eine gute Streuung? Die Theorie liefert zumindest für eine nahezu perfekte Streuung eine Antwort: „Einfach“ alle Aktien der Welt halten, wobei sie anhand ihres Marktwertes gewichtet werden. In der Praxis ist das natürlich kaum handhabbar.

Für eine gute Streuung reichen schon viel weniger Aktien, es gibt aber nicht die eine, konkrete Mindestanzahl. Ein Blick auf die Konzentration der Top-Titel ist ein Hinweis. Angenommen, jemand stellt sich ein Portfolio mit 30 Aktien zusammen, die alle gleich gewichtet sind. Die Person hat dann automatisch über 30 Prozent ihres Portfolios in ihren zehn Topaktien, denn bei gleich gewichteten 30 Aktien machen die zehn größten Titel mindestens ein Drittel des Portfolios aus.

Laufen einige Aktien besser als andere, nehmen die Top-10 schnell 40 oder 50 Prozent ein. Das ist viel und die Marken können schnell erreicht werden. Zum Vergleich: Die Top 10 Unternehmen im MSCI World Index machen im Juli 2025 auch bereits etwa 20 Prozent aus – bei knapp 1400 Aktien, die er umfasst. Das zeigt auch: Die kleinen Aktien sind im MSCI World wirklich nur in homöopathischen Dosen vertreten.

Wer nicht mehr als 20 Prozent seines Portfolios in den Top-10 vereinigt haben will, der muss mindestens 50 Aktien halten und diese gleich gewichten, dann entfallen 2 Prozent des Portfolios auf eine Aktie. Ständig für Gleichgewichtung zu sorgen, ist allerdings aufwendig und teuer. Wer das vermeiden will, ist schnell bei 80 oder gar 100 Aktien, die er als sinnvolles Mindestmaß erachtet. Auch viele Aktienfonds begnügen sich mit 40 bis 100 Aktien. Wer mehr hält, verbessert die Streuung immer weniger.

Die Empirie: Können kann auch Glück sein

Wer in Einzelaktien investiert, geht davon aus, dass man durch gezielte Auswahl von Aktien („Stock Picking“) besser als der Markt abschneiden kann. Wie gut das professionellen Fondsmanagern gelingt, wurde immer wieder untersucht.

Dabei muss man beachten: Glück und Pech haben einen großen Einfluss auf den Anlageerfolg. Wer also einen Manager ausfindig macht, der besser abschneidet als sein Vergleichsmaßstab, etwa der MSCI World Index, hat einen fähigen Manager oder einen Glückspilz gefunden.

Die Studienergebnisse zu der Frage, ob Fondsmanager mit guter Performance nur Glück hatten oder einzelne tatsächlich auch Können gezeigt haben, sind nicht eindeutig: Im besten Fall sprechen Studien den Managern durchaus Können zu, aber die Fondskosten fressen die Mehrrendite durch Können wieder auf. Andere sehen gar keine Könner am Werk oder stellen fest, dass sich bis zum Jahr 2000 durchaus Könner zeigten, danach aber nicht mehr.

Und auch wenn manche Studien einigen Managern durchaus Können zugestehen, bleibt ein praktisches Problem: Man kann die Könner nicht von den Glückspilzen unterscheiden. Sogar der Glückspilz selbst wird sich für einen Könner halten (es sei denn, er hat seinen tollen Anlageerfolg durch bewusst zufällige Aktienauswahl erzielt).

Die Überlegenheit des Stock Pickings lässt sich empirisch bei Fonds also nicht untermauern.

Ein wichtiger Faktor sind zudem die Kosten. Es ist schwer, Fondskosten von oft 1,5 Prozent oder mehr durch geschickte Aktien-Auswahl wieder reinzuholen und langfristig besser als der Markt zu sein oder besser als ein entsprechender ETF mit Kosten von 0,2 Prozent. Aber auch ohne den Kostenklotz eines gemanagten Fonds wird es ein Privatanleger in Eigenregie in den allermeisten Fällen nicht schaffen, langfristig den Markt zu schlagen – zumindest nicht bei gleichem Risiko.

Die Praxis: Handelskosten und Quellensteuern beachten

Wer es dennoch als Privatanleger mit einem Portfolio aus Einzelaktien probieren möchte, hat einiges zu beachten. Da sind zu Beginn natürlich die Handelskosten, die je nach Depotmodell bei einem Portfolio mit 40 Aktien oder mehr höher sind als bei einem einzelnen ETF-Kauf. Angebote mancher Neo-Broker machen solche Kosten heutzutage allerdings fast vernachlässigbar. Da aber eine Streuung über viele Länder enorm wichtig ist und nur wenige Auslandsaktien in Deutschland gehandelt werden, ist auch mal eine Auslandsorder nötig – falls der Broker so was überhaupt anbietet. Und dann wird es doch wieder teuer.

Privatanleger haben vielfach auch die Möglichkeit, sich Quellensteuer zurückzuholen, wenn sie auf ausländische Aktiendividenden anfällt. Das ist aber sehr mühsam und kann Jahre dauern. Viele machen so was erst gar nicht –

das kostet aber Rendite. Ein Fonds hingegen erledigt das für die Anleger. Auch wenn ein Fonds nicht immer die gleiche, manchmal niedrigere Quellensteuer eines Privatanlegers zahlt, so versuchen sie dennoch oft, diese im Sinne der Anleger so weit es geht zu optimieren. Gerade extrem gut vergleichbare ETF können es sich kaum erlauben, dort Renditen liegen zu lassen, auch wenn es nur 0,1 Prozent pro Jahr sein sollten.

Fazit: Einzelaktien nur als Beimischung

Es gibt viele objektive Gründe, die gegen ein Portfolio aus Einzelaktien sprechen. Wir empfehlen es deshalb nicht. Zusätzlich zu einem Welt-Aktien-ETF können Anlegerinnen und Anleger sie aber beimischen. Andere Anleger, die Einzelaktien als den Königsweg anpreisen, liegen schlicht falsch. Man kann mit Einzelaktien erfolgreich sein, aber eine überlegene Anlage sind sie weder theoretisch noch empirisch, noch in der Praxis.

In unserer Fondsdatenbank unter test.de/fonds finden Anlegerinnen und Anleger Welt-Aktien-ETF, die wir als Basisanlage empfehlen. Wählen Sie dazu „Alle ETF (Indexfonds)“ aus und lassen Sie sich die knapp 3000 Ergebnisse anzeigen. Auf der Folgeseite wählen Sie oben unter „Fondsgruppen“ die Kategorie „Wichtige Fondsgruppen“ aus und anschließend „Aktien Welt“.

Streuung nutzt mehr als man denkt

Es ist die Grundregel der Geldanlage: Streuen! Das Depot breit aufzustellen, ist wichtiger als die mühevolle Suche nach dem besten Fonds. Worauf Sie achten sollten.

Gerne wird beim Thema Streuung das Bild „nicht alle Eier in einen Korb legen" benutzt. Diese Volksweisheit wird schnell akzeptiert. Trotzdem ist Streuung bei der Geldanlage viel wichtiger und nützlicher, als es die meisten Anlegerinnen und Anleger vermuten. Wir erklären, warum viele Fachleute den Nutzen der Streuung als einzigen „free lunch" bezeichnen, den es an den Kapitalmärkten gibt. „Free lunch" nutzen Ökonomen als Metapher für einen risikolosen Gewinn, den es eigentlich nicht geben dürfte – denn an den Kapitalmärkten wird einem nichts geschenkt.

Forschung bestätigt Nutzen

Schon frühe Forschung zeigte: Obwohl in den 1960er Jahren der Glaube an die Überlegenheit einer guten Aktienauswahl vorherrschend war, wurden kaum sehr konzentrierte Portfolios mit wenigen Aktien gefunden – Streuung war offensichtlich auch überzeugten „Stock Pickern" wichtig.

Es war der Ökonom und spätere Nobelpreisträger Harry Markowitz, der erstmals mathematisch erklärte, warum es viel besser ist zu diversifizieren, als nur auf seine drei Top-Aktien zu setzen. Das Handwerkszeug dazu ist Statistik: Volatilitäten, Korrelationen und Kovarianzen. Aber keine Sorge, wir werden das in einfachen Worten und Beispielen erklären.

Renditen mischen sich proportional

Bei Renditen funktioniert die Mischung, wie man es erwarten würde: Wenn Sie 100 Euro in einer Aktie haben, die 8 Prozent gemacht hat und 100 Euro in einer anderen Aktie, die 3 Prozent gemacht hat, dann haben beide zusammen im Schnitt 5,5 Prozent erzielt.

Um das zu berechnen, addiert man jeweils hälftig 8 und 3 Prozent, mathematisch: $(50\,\% \times 8 \; 50\,\% \times 3)$. Wenn Sie mehr von der ersten Aktie gehalten hätten, zum Beispiel 75 Prozent Ihrer Investition, dann hätten Sie ein Plus von 6,75 Prozent erzielt $(75\,\% \times 8 + 25\,\% \times 3)$.

Sie erhalten also die Rendite Ihres Portfolio immer ganz einfach, indem Sie die Renditen der Einzelbestandteile mit ihrem Gewicht im Portfolio multiplizieren und alles aufaddieren.

Mit Anleihen funktioniert das auch, mit Rohstoffen ebenso. Renditen ergeben sich immer proportional zum Gewicht der einzelnen Portfoliobestandteile.

Risiko sinkt überproportional

Wenn man Risiko betrachtet, gilt diese einfache Proportionalität nicht mehr unbedingt. Risiko wird bei Finanzinstrumenten als Volatilität gemessen – das ist eine statistische Größe, die sich aus der Standardabweichung vom Mittelwert der Kursentwicklung einer Anlage ableitet. Weltaktienmärkte haben im langjährigen Schnitt beispielsweise eine Volatilität von 14. Dieser Wert lässt sich selbst nicht sinnvoll interpretieren, hilft aber beim Vergleich mit anderen Wertpapieren, wenn diese eine höhere oder niedrigere Volatilität haben.

Die Volatilität zweier Finanzinstrumente kombiniert sich aber nicht immer wie man denkt: Bei Aktien kann es (sehr) theoretische Fälle geben, wo jede Aktie eine Volatilität von beispielsweise 20 hat, aber eine passende Kombination ergibt eine Portfoliovolatilität von 0. Das wäre der Fall bei zwei Aktien, die sich immer gegenläufig bewegen. Jede Aktie für sich kann noch so volatil sein – wenn man eine zweite Aktie findet, die sich immer gegenläufig bewegt, kann man ein risikoloses Portfolio bauen. In der Realität gibt es so einen klaren Zusammenhang allerdings nie.

Wenn 1 plus 1 weniger als 2 ergibt

Doch finden sich nicht ganz so ausgeprägte Zusammenhänge sehr wohl in der Realität, denn Aktien laufen nie alle im Gleichschritt, sondern entwickeln sich phasenweise gegenläufig. Sie hängen von verschiedenen Branchen- und Länderentwicklungen ab und sehr stark von den Anlegererwartungen, die sie für diese eine Aktie haben. Das Risiko eines Aktienkorbes – oder eines Indexes – wird immer niedriger sein als die (gewichtete) Summe der Einzelrisiken. Renditen mitteln sich, aber Aktien-Risiken sinken überproportional, wenn man diversifiziert.

Volatilität am Beispiel Dax

Im Dax stecken 40 Aktien, deren Volatilitäten sich über drei Jahre (31. Mai 2021 bis 31. Mai 2024) so beschreiben lasen: Sie reicht von 12,4 Prozent (Beiersdorf) bis 56 Prozent (Zalando). Die Hälfte der Aktien hat eine Volatilität über 27 Prozent. Der Durchschnitt aller 40 Einzelvolatilitäten liegt bei 28,7 Prozent. Der Dax mit diesen 40 Aktien – in dem Fall nicht gleichgewichtet – weist im gleichen Zeitraum eine im Vergleich recht niedrige Volatilität von 16,4 aus. Dank der Streuung weist der Dax also eine Volatilität auf, die fast so niedrig ist wie die schwankungsärmsten Aktien im Index. Nur zwei Aktien haben eine Einzelvolatilität, die niedriger liegt (Beiersdorf und Deutsche Telekom). Nur diese zu halten ist aber keine gute Idee, denn dann ist das Einzelaktienrisiko zu groß. Dieses Risiko drückt sich nicht in der Volatilität aus, es beschreibt seltene Extremereignisse, zum Beispiel wenn eine Firma pleite geht.

Es lohnt sich, das Risiko zu streuen

Der Nutzen der Streuung wird unterschätzt, weil Anlegerinnen und Anleger annehmen könnten, Risiko und Rendite würden sich in einem Portfolio mitteln. Das ist aber nicht der Fall. Das Risiko sinkt stärker als man denkt. Und da die Qualität einer Geldanlage nicht an der Rendite allein, sondern immer am Verhältnis von Rendite zu Risiko gemessen wird, wird klar: Das Rendite-Risiko-Verhältnis wird besser, wenn man gut streut, denn das Risiko sinkt stärker als die Rendite. Das ist eine von zwei Möglichkeiten an den Kapitalmärkten, sein Rendite-Risiko-Profil systematisch und kostenlos zu verbessern. Die andere Möglichkeit ist, Kosten zu senken (siehe „Wie aus kleinen Beträgen Tausende Euro werden“, S. 16).

Der MSCI World Index

Er ist der wichtigste Aktienindex für ETF-Anlegerinnen und -Anleger, eines der wichtigsten Börsenbarometer weltweit – und Maßstab für viele Fonds und ETF.

Der Anbieter MSCI gibt viele verschiedene Indizes heraus. Der bekannteste und bedeutendste ist der MSCI World. Er repräsentiert große und mittelgroße Aktienunternehmen aus über 23 Industrieländern und deckt mit rund 1400 Titeln ungefähr 85 Prozent der westlichen Börsenmärkte ab. Daneben gibt es unter anderem den MSCI Europe, der den Aktienmarkt europäischer Industrieländer abbildet. Der MSCI Emerging Markets (MSCI EM) umfasst Aktien aus den Schwellenländern global. Der MSCI All Country World (MSCI ACWI) hingegen enthält Aktien aus Industrie- sowie Schwellenländern und fasst die Titel aus MSCI World und MSCI Emerging Markets zusammen.

Stiftung Warentest Finanzen empfiehlt einen Welt-Aktien-ETF als Basisanlage für ein gut gestreutes Depot. Im Mix mit sicheren Zinsanlagen sind Anlegerinnen und Anleger damit gut aufgestellt. Gold oder Fonds auf Schwellenland-Aktien – zu denen China gehört – dienen dagegen nur als Beimischung im Portfolio. Auch Bitcoin sollte höchstens beigemischt werden.

Rendite und Zusammensetzung

Die Bilanz des MSCI World seit Auflage kann sich sehen lassen. Langfristig hätten Anlegerinnen und Anleger mit einem Investment in den MSCI World seit Beginn der Berechnung im Jahr 1970 rund 8 000 Prozent Wachstum erzielt. Das entspricht einer durchschnittlichen Rendite von ungefähr 8 Prozent pro Jahr.

In Bezug auf die Länderzusammensetzung bestimmen die USA als größter Ländermarkt die Entwicklung. Sie sind aktuell mit über 70 Prozent vertreten. Nach dem Schwergewicht USA folgen Japan mit etwa 5 Prozent, Großbritannien mit knapp 4 Prozent und andere europäische Länder. Deutschlands Aktienunternehmen haben aktuell einen Anteil von rund 2,6 Prozent.

Bei der Branchenzusammensetzung dominieren aktuell IT, Finanzen und Industrie. Zusammen machen Sie bereits über 50 Prozent des Gesamtanteils aus. Dahinter folgen Konsum (zyklisch), Gesundheit und Kommunikation.

MSCI World ETF – nur was für Einsteiger?

Oft wird ein MSCI World ETF Einsteigern empfohlen – weil es einfach ist, viele Anbieter einen Welt-ETF im Programm haben und so bei vielen Banken ein ETF-Sparplan auf einen der MSCI World ETF abgeschlossen werden kann. Ein solcher ETF-Sparplan ist bei Online-Banken schnell und unkompliziert eingerichtet.

Aber Anlegerinnen und Anleger, die diesen ersten Schritt gegangen sind, fragen sich vielleicht, ob ein Produkt reicht, um das Optimum aus den Aktienmärkten herauszuholen. Wenn ein Welt-ETF für Einsteiger geeignet ist, heißt das im Umkehrschluss, dass man als Fortgeschrittener mit einem ausgefeilteren Portfolio mehr herausholen könnte?

Eher Spaß als ökonomischer Nutzen

Bevor wir ins Detail gehen, vorweg die Antwort: Ja, ein ETF reicht für eine optimale Aktienanlage. Und nein, mit einem komplexeren Portfolio holt man nicht automatisch mehr aus den Märkten heraus.

Das heißt nicht, dass wir davon abraten, mit Beimischungen zu einem Welt-ETF etwas auszuprobieren oder mit unserer Fünf-Punkte-Strategie (ab S. 125) zu versuchen, den Markt zu schlagen. Wer Spaß am Investieren und der Börse hat, kann sich gerne austoben.

Aber wer sich hingegen so wenig wie möglich mit seiner Geldanlage beschäftigen möchte, dem können wir sagen: Keine Sorge, ein breit streuender Welt-ETF reicht für eine sehr gute Geldanlage. Beliebte Beimischungen wie Neue-Energie-ETF oder Schwellenländer liefen in der jüngeren Vergangenheit deutlich schlechter als der MSCI World und sorgten eher für Rendite-Bremsen statt Rendite-Booster.

Geldanlage in der Theorie

Die moderne Kapitalmarkttheorie – die auch schon über 60 Jahre auf dem Buckel hat – stützt sich auf die Idee, dass

Finanzmärkte öffentliche Informationen optimal verarbeiten und einzelne Anleger keine Wissensvorteile haben (außer sie haben Insiderinformationen, aber diese zu nutzen, ist in den meisten Ländern illegal).

Daraus leitet sich ab, dass Aktien-Anleger das sogenannte „Marktportfolio" halten sollten, das den gesamten Aktienmarkt abbildet. Ein ETF auf den MSCI World Index kommt dem schon sehr nahe, ein ETF auf die größeren Welt-Indizes MSCI All Country World (ACWI) oder den FTSE All-World ist fast perfekt.

„Faktoren" als Weiterentwicklung

Die Theorie wurde getestet, kritisiert und verfeinert. Ihr Kern hat (erstaunlicherweise) immer noch Bestand. Eine der wenigen nennenswerten Weiterentwicklungen des Grundmodells sind die Faktoren, beziehungsweise Faktor-ETF (siehe „Sieben Anlagestrategien, die Sie kennen sollten", S. 95).

Bei diesen Strategien hat die Finanzwissenschaft Merkmale von Aktien analysiert, die in der Vergangenheit ein gutes Rendite-Risiko-Verhältnis hatten – und bei denen es plausibel ist, dass sie das auch in Zukunft haben werden. Eine Garantie auf Überrenditen gibt es aber auch bei den Faktoren nicht. Das „Marktportfolio" bleibt das Maß aller Dinge – alles muss sich daran messen.

Geldanlage in der Praxis

Auch bei unserer monatlichen Fondsbewertung beobachten wir, dass gute aktive Fonds kommen und gehen. Ereignisse wie die Corona-Pandemie, der Krieg in der

Ukraine und die Inflation mit Zinserhöhung wirbeln die Bestenlisten immer wieder durcheinander.

Mal läuft Growth (Wachstumsaktien), mal Dividenden, mal hat der eine Manager ein gutes Händchen (oder eher Glück), mal eine andere Managerin. Es gibt dabei vor allem eine Konstante: Marktbreite ETF zählten mittel- und langfristig immer zu den besten Fonds in der wichtigsten Fondsgruppe Aktien Welt. Sowohl was die reine Performance als auch was das Rendite-Risiko-Profil anbelangt. Bei den aktiven Fonds ist es leicht, die Gewinner der Vergangenheit zu identifizieren, aber für die zukünftigen Top-Fonds gilt das nicht.

Aktive Top-Fonds eignen sich nicht zum Kaufen und Halten

Hier wird auch deutlich, warum die eigene Beobachtung manchmal nicht weiterhilft: Sie ist zu begrenzt und zeigt einen kleinen, nicht repräsentativen Ausschnitt. Wer jeden Monat Top-Fonds sieht, die auch ETF abgehängt haben, wird zuerst denken „aktive Fonds können es besser". Wer ein bisschen genauer hinschaut wird einschränken „ok, ein paar wenige aktive Fonds können es besser", denn die Mehrheit der aktiven Fonds ist unterdurchschnittlich.

Wer länger investiert, merkt, dass der Top-Fonds von heute nicht unbedingt der Top-Fonds von morgen ist. Ein marktbreiter ETF ist hingegen fast immer unter den besten Fonds zu finden – wenn auch nicht immer ganz oben.

Der Versuch, den Markt zu schlagen, ist aufwendig

Unsere Finanz-Expertinnen und -Experten haben mit der Fünf-Punkte-Strategie eine Strategie entwickelt, mit der Anlegerinnen und Anleger auf Basis unserer Fonds-Bewertung systematisch versuchen können, den „Markt" mithilfe aktiver Fonds oder Faktor-ETF zu schlagen. Sie kommt aber nur für Anlegerinnen und Anleger in Frage, die keinen Aufwand scheuen und ein Depot mit günstigen Handelskosten haben (siehe ab S. 125).

Eine Garantie dafür, besser abzuschneiden als der Gesamtmarkt, gibt es auch mit dieser Strategie nicht. Unsere Simulationen zeigen, dass es in der Vergangenheit nur zeitweise geklappt hat. Garantiert ist allerdings, dass die Strategie aufwendiger ist als das Halten eines MSCI-World-ETF.

Fazit: Auch Profis fahren mit Welt-ETF gut

Ein ETF auf den MSCI World oder vergleichbare Indizes ist also nicht nur für Anfänger geeignet. Auch erfahrene Anleger sind mit ihnen gut bedient – und auch Profis nutzen solche ETF intensiv. Hier treffen sich Ertragsstärke und Einfachheit. Außerdem macht die Börsenhandelbarkeit der ETF sie für jeden Anleger leicht verfügbar – anders als bei aktiven Fonds.

Kursraketen? Sind Uninteressant!

Anlegerinnen und Anleger haben oft nur die Performance, also die jüngsten Renditezahlen im Blick, wenn sie einen Fonds suchen. Doch die sind kein gutes Entscheidungskriterium. Worauf Sie eher achten sollten.

Wenn man über Geldanlage spricht, geht es ganz schnell um Performance, Rendite oder Ertrag. Dabei greift das Fokussieren auf diese Größen viel zu kurz. Gute Geldanlage ist mit dieser eindimensionalen Betrachtung nicht möglich. Einerseits wird es etwas komplexer, wenn man Geldanlagen besser messen und beurteilen will, andererseits kann es ungemein entspannend sein, wenn man das Hauptaugenmerk mal nicht auf die Performance legt.

Doch seitdem es die Börse gibt, versuchen Anlegerinnen und Anleger, die Gewinner von morgen zu finden. Und seit Generationen wird dazu gern die Liste der Performance-Sieger von gestern analysiert. Wir zeigen, warum das keine so sinnvolle Herangehensweise ist.

Es gibt verschiedene Spielarten, um auf die Performance-Sieger zu setzen, die wir hier kurz vorstellen.

Die besten Länder und Sektoren

Diese Spielart ist unter Profis nicht gebräuchlich, wird aber hier und da genannt, teils sogar als taugliche Strategie vorgestellt: Investieren in das Land oder die Branche mit der besten Performance im Vorjahr. Unsere Finanz-Expertinnen und -Experten haben das einmal über die letzten 21 Jahre simuliert. Im Jahr 2003 investieren wir in den Gewinner aus 2002. Im Jahr 2004 wechseln wir in den Gewinner aus 2003. So geht das weiter, bis unser Test Ende 2023 ausläuft, wobei wir zuletzt im Gewinner aus 2022 investiert waren.

Das sind die Ergebnisse: Wer immer in das beste Land investiert hat, hat 6,6 Prozent pro Jahr bekommen. Die Strategie mit der jeweils besten Branche brachte 11,4 Prozent pro Jahr. Wer die Strategien gemischt hätte und je nach Rendite entweder in das beste Land oder in die beste Branche investiert hätte, hätte eine Rendite von 6,9 Prozent pro Jahr erzielt. Die Wertentwicklungen sind jeweils auf US-Dollar-Basis berechnet. Zum Vergleich: Der MSCI All Country World hat im selben Zeitraum 9 Prozent pro Jahr erzielt.

Zwei Ausnahmeereignisse

Dass es in dem Zeitraum mehr gebracht hätte, jeweils in die beste Branche des Vorjahres zu investieren, hängt ausschließlich an zwei besonderen Ereignissen: 2019 war der IT-Sektor am besten. Wer hier investierte, konnte während der folgenden Corona-Pandemie zwei Jahre lang am Boom der Tech-Werte teilhaben. 2021 wiederum war der Energie-Sektor der Gewinner. Das war die Branche, die im Folgejahr vom Hochschnellen der Energiepreise durch den Ukraine-Krieg profitiert hat.

Ganz klar: Absehbar war das jeweils nicht. Auf die besten Länder oder Sektoren zu setzen, kann mal klappen, ist aber sicher keine überlegene Strategie. Wer das macht, holt sich auch deutlich mehr Risiko ins Portfolio.

Ähnliche Indizes bleiben ähnlich

Manche Anleger werden bei Ihrer ETF-Wahl auch dadurch geleitet, welcher Index gerade einen Deut besser als ein anderer, vergleichbarer Index gelaufen ist. Zum Beispiel sind der MSCI Europe und der Stoxx Europe 600 Index sehr ähnlich. ETF auf beide Indizes zeichnen wir mit 1. Wahl aus. Aber manchmal liegt der eine, manchmal der andere vorne. Daraus zu schließen, der Index mit der aktuell höheren Performance sei besser, ist deshalb ein Trugschluss. Die Indexkonzepte und Regeln sind zu ähnlich, um zwischen den zwei Indizes systematische Performance-Unterschiede zu begründen.

Kleine Unterschiede, mehr nicht

Auch in der Gruppe Aktien Welt haben wir verschiedene Indizes und ihre ETF mit 1. Wahl ausgezeichnet. Die größten Unterschiede untereinander ergeben sich daraus, ob Schwellenländer mitberücksichtigt werden oder ob der Index Nachhaltigkeitsfilter einsetzt.

Aber wenn ETF auf Indizes, die auch Schwellenländer umfassen (aktuell mit einer Quote von rund 11 Prozent), schlechter laufen, dann heißt das nicht, dass so ein ETF weniger empfehlenswert ist. Es gibt gute Gründe, Schwellenländer beizumischen, und es wird wahrscheinlich auch wieder Zeiten geben, in denen ein Beimischen zu besseren Ergebnissen führt, als wenn man sich auf Industrieländer konzentriert.

Wenn Indizes also ähnlich streuen und ähnlich konstruiert sind, zum Beispiel wenn beide ihre Mitglieder nach Streubesitz gewichten, dann sollte kein systematischer Unterschied in Rendite oder Risiko existieren. Nur zufällig wird mal der eine, mal der andere besser sein.

Die besten Fonds

Wir werden regelmäßig gefragt, warum wir nicht alle Fonds in eine große Tabelle werfen und die Fonds einfach nach Performance sortieren – dann sehe man doch, wer gut war.

Was vielen Anlegerinnen und Anleger aber oft nicht bewusst ist: Ein Fondsmanager kann nur so gut sein, wie das Land, aus welchem er Aktien auswählt oder die Branche, auf die er sich spezialisiert. Das alles sind Faktoren, die durch den Fonds festgelegt sind. Ein Deutschland-Fonds wird nicht plötzlich zum Türkei-Fonds, nur weil der Manager in Zukunft dort mehr Wachstum sieht. Ein Growth-Fonds wendet nicht plötzlich eine Dividenden-Strategie an.

Eine Fonds-Gewinnerliste über alle Branchen und Regionen würde nur zeigen, welche Länder, Branchen, Strategien gerade gut gelaufen sind, und mit ihnen die dort investierten Fonds. Wie viel solche Gewinnerlisten zur Auswahl taugen, haben wir ja eingangs gezeigt.

Sinnvoll ist nur der Vergleich der Fonds innerhalb einer Fondsgruppe. Das ist das, was wir mit unserer Punktebewertung machen. Dabei berücksichtigen wir jedoch nicht nur die Rendite, sondern auch das Risiko, mit dem die Rendite erzielt wurde.

Die besten Aktien

Auf der Suche nach Strategien, um den Markt zu schlagen (in Bezug auf das Rendite-Risiko-Verhältnis), haben sich in der akademischen Literatur die sogenannten Faktoren herauskristallisiert. Das sind Aktien mit Eigenschaften, die es in vielen (nicht allen!) Marktphasen schaffen, besser als der Markt zu laufen.

Eine davon ist die „Momentum-Strategie". Sie setzt – je nach Ausgestaltung – auf Aktien, die in den letzten sechs oder zwölf Monaten am besten gelaufen sind. Manche Finanzwissenschaftler sprechen dem Faktor Momentum allerdings keine Aussagekraft zu, weil es keine ökonomisch rationale Erklärung dafür gibt, warum die besten Aktien der letzten Monate auch in Zukunft besser als die anderen laufen sollten. Andererseits ist es vorstellbar, dass schlicht sehr viele Marktteilnehmer trotzdem nur zu gerne auf den Gewinnerzug aufspringen und damit eine selbsterfüllende Prophezeiung in Gang setzen: Ihr Kauf zieht die Kurse nach oben, was wieder andere Käufer anzieht, die die Kurse hochtreiben, und so weiter. Auch wenn die Entwicklung der Momentum-Strategie verlockend aussieht, so bleibt ungewiss, ob so ein Marktmuster auch in zehn Jahren noch Bestand hat. Als Beimischung können Anleger entsprechende ETF aber nutzen.

Natürlich wurde viel ausprobiert, auf welche vergangene Performance man schauen sollte. Dass Befürworter der Momentum-Strategie sich die Performance der letzten sechs oder zwölf Monate anschauen, ist deshalb kein Zufall: andere Performance-Zeiträume lieferten für die Aktienauswahl nicht so gute Ergebnisse.

Die besten Anleihen(fonds)

Wenn die Marktzinsen steigen, fallen die Anleihenkurse. Von langlaufenden Anleihen fallen sie stärker als von kurzlaufenden. Umgekehrt verhält es sich, wenn die Zinsen fallen.

Dieser Mechanismus hat dazu geführt, dass Anleihenfonds während der raschen Zinserhöhung der EZB ab Anfang 2022 teilweise stark gefallen sind. Das sah für interessierte Neuanleger nach einem schlechten Kauf aus. Vor der Zinswende hatten die Fonds eine vielversprechende Rendite ausgewiesen – doch auch das war nur eine Vergangenheitsbetrachtung und keine Aussage für die Zukunft. Mittlerweile hat sich das Zinsniveau stabilisiert und Rentenfonds sind wieder eine attraktive Geldanlage. Dass es in naher Zukunft noch einmal zu so einem massiven Zinsanstieg kommt, ist eher unwahrscheinlich.

Bei Anleihen und Anleihenfonds schaut man also besser auf die sogenannte Endfälligkeitsrendite oder Effektivverzinsung. Diese ist bei Fonds zwar nicht garantiert, aber sie ist der beste Indikator, um abzuschätzen, was man erwarten kann, wenn sich nicht zu viel im Zinsmarkt ändert.

Der Blick zurück hilft nicht weit

Zur Beurteilung einer Anlage hat man leider immer nur den Blick in den Rückspiegel. Weil die vergangenen Informationen die einzigen sind, die einem zur Verfügung stehen, tendieren wir Menschen dazu, ihnen zu viel Bedeutung beizumessen. Wer nicht gerade eine Momentum-Strategie umsetzt – und das ist für Privatanleger viel Arbeit und gegebenenfalls ein teurer Spaß, weil viel gehandelt werden muss – braucht zumindest für seine Auswahl der Geldanlage nicht auf die Performance zu achten. Sie ist schlicht kein guter Indikator für zukünftigen Anlageerfolg.

Was ist also wichtiger als die Kursraketen von gestern? Um ein gutes Ergebnis zu erzielen, gilt es vor allem, auf Streuung zu setzen! Sie ist das A und O, um ein bestmögliches Rendite-Risiko-Profil zu erzielen.

Warum ETF nicht genauso laufen wie der Index

ETF entwickeln sich meist ein wenig schlechter als der Index, manchmal aber auch besser. Es gibt viele Gründe, warum sie sich unterscheiden – nicht nur die Kosten.

Die einfache Erzählung zu ETF geht so: Der ETF entwickelt sich so wie der Markt, den er abbildet. Für einen Deutschland-ETF heißt das: Wenn der Dax um 2 Prozent steigt, dann steigt auch ein ETF auf den Dax um 2 Prozent – und umgekehrt.

Wer aber genauer hinschaut, wird schnell feststellen: Es gibt durchaus kleine Abweichungen zwischen der Indexwertentwicklung auf der einen Seite und der ETF-Wertentwicklung auf der anderen. Und auch ETF auf den gleichen Index laufen nicht absolut gleich. Dafür gibt es mehrere Gründe.

Kosten sind nicht alles

Je günstiger ein ETF, desto ähnlicher entwickelt er sich zum Index. Soweit die Theorie. Die Kosten sind aber nicht der einzige Indikator für die Qualität eines ETF. Denn ETF unterscheiden sich auch in weiteren Punkten, die Einfluss auf die Wertentwicklung haben. Manchmal entwickelt sich ein günstiger ETF sogar schlechter als ein teurerer.

Quellensteuer optimieren

Jeder Fonds – egal ob ETF oder aktiv gemanagter Fonds – muss auf Erträge aus Zins- und Dividendenzahlungen oft Quellensteuer zahlen. Die Fondsgesellschaft kann durch die passende Wahl ihres Sitzes die Quellensteuern ein wenig senken. Irische Fonds – erkennbar daran, dass die Isin mit IE beginnt – nutzen zum Beispiel gerne das irisch-amerikanische Doppelbesteuerungsabkommen, um Quellensteuern zu senken. Das ist von Vorteil, wenn viele US-Werte im Index stecken, so wie beim MSCI World, in dem US-Titel fast 70 Prozent ausmachen.

Anders ist es bei Swap-ETF, wo die Indexnachbildung über einen Tauschpartner gesichert wird. In diesem Fall ist es der Swap-Partner, der versucht, Quellensteuern zu optimieren, nicht der Fonds selbst. Der Sitz des Fonds ist dann nicht mehr so wichtig.

Art der Index-Abbildung

Bei einem Swap-Fonds ist der Swap-Partner verantwortlich für die genaue Indexabbildung. In der Regel ist er verpflichtet, stetig die Indexentwicklung im Fonds zu spiegeln – abzüglich einer Gebühr. Deshalb gelten Swap-Fonds als die einfachste Art, möglichst genau einen Index abzubilden.

ETF, die wirklich die Indexaktien im Fonds halten, haben es bei der Spiegelung der Indexentwicklung schwerer. Dies gilt insbesondere, wenn der Index viele Aktien, Länder oder Zeitzonen umfasst oder gar auf Wertpapiere aus exotischen Märkten setzt. Jede Indexänderung, jede Dividendenzahlung muss dann vom Fonds selber passend umgesetzt werden – bei aktuell rund 1400 Aktien wie im MSCI World macht das viel Arbeit.

Die langjährige Erfahrung und die inzwischen erreichte Größe vieler ETF helfen, auch komplexere Indexkörbe effizient abzubilden. Trotzdem gibt es Indizes, bei denen ein ETF-Anbieter entscheidet, nicht alle Aktien im Index zu halten. Zum Beispiel kann es besser sein, ein paar kleinere, unwichtige Titel wegzulassen und dafür anderen Aktien aus einem vergleichbaren Land und Sektor mehr Gewicht zu geben.

Zusatzerträge durch Wertpapierleihe

Positiv auf die ETF-Rendite können sich Erträge aus der Wertpapierleihe auswirken. Bei dieser häufig genutzten Praxis verleihen ETF-Anbieter Papiere aus dem Portfolio für einen bestimmten Zeitraum an andere Investoren und erhalten dafür eine Gebühr, die zum Großteil dem Fonds zugutekommt. Mindestens 50 Prozent der Leiherträge müssen im Fonds landen, bei ETF sind es oft sogar 70 Prozent.

Um die Risiken aus solchen Geschäften abzusichern, gibt es umfangreiche Vorgaben. So müssen zum Beispiel von demjenigen, der sich die Titel ausleiht, Sicherheiten hinterlegt werden. Die Leiherträge sind bei Standard-Aktien, auch Blue Chips genannt, jedoch nicht sehr hoch. Mit der Verleihung exotischerer Titel lässt sich dagegen mehr verdienen.

Erfahrung und Professionalität der ETF-Anbieter

Erfahrung und robuste Arbeitsabläufe helfen dem ETF-Anbieter, auch Indizes mit sehr vielen Titeln abzubilden. So kann vermieden werden, dass zum Beispiel eine Indexanpassung verschlafen wird. Solche Fehler münden nicht unbedingt in einem Verlust im Vergleich zum Index, es kann auch ein Gewinn sein. In beiden Fällen schadet es der Abbildungsqualität.

Handelskosten im Fonds

Bei der Indexberechnung werden in der Regel keine Handelskosten berücksichtigt. Sie fallen aber in jedem Fonds an, ohne in den gängigen Fondskosten enthalten zu sein. Grundsätzlich können Fonds ihre Wertpapiere deutlich günstiger als Privatanleger handeln. Aber bei Fonds, die viel handeln, können die Handelskosten deutlich ins Gewicht fallen.

Zur Einordnung: Der iShares-ETF auf den MSCI World wies im letzten Jahresbericht geschätzte Handelskosten von 0,0081 Prozent aus. Dagegen standen etwa beim iShares-ETF auf den MSCI World Momentum Index, der regelmäßig sehr viel mehr Aktien austauscht und stärker neu gewichtet, geschätzte Handelskosten von 0,1236 Prozent zu Buche. Die Handelskosten waren also im Vergleich rund 15-mal höher!

Zusammengefasst

Es gibt zwei Arten von Abbildungsdifferenzen: Fondskosten, Quellensteuer und Handelskosten ziehen die Wertentwicklung systematisch nach unten.

Andere Abbildungsdifferenzen, zum Beispiel durch Optimierung der Aktienauswahl, sind nicht systematisch – sie können zu besserer oder schlechterer ETF-Entwicklung führen. Beide Abbildungsdifferenzen sollten aus Sicht von Anlegerinnen und Anlegern in Bezug auf deren Rendite möglichst klein sein.

Tipps für Anleger

Unterschiede in der Rendite können sich auch daraus ergeben, dass die Stichtage für die Berechnung unterschiedlich sind. So kann es bei der Berechnung von Renditen auf der Basis von Monatsdaten passieren, dass bei manchen ETF-Anbietern der Monatsultimo auf dem 31. des Monats liegt, bei anderen auf dem 30. desselben Monats. Ein Tag kann einen deutlichen Unterschied ausmachen. Das muss Sie nicht irritieren: Die Differenz gleicht sich im Folgemonat wieder aus.

Sie sollten ETF nicht nur nach den Kosten auswählen. Hilfreicher ist der Renditevergleich bei ETF auf denselben Index, am besten über unterschiedliche Zeiträume.

Wie Sie Ihr Depot vor Kursstürzen schützen

Ein Kurssturz kommt oft aus dem Nichts. Unsere Finanz-Expertinnen und -Experten empfehlen dafür folgende Absicherungsinstrumente. Die einfachste Methode ist die beste.

Aktien sind eine gute, chancenreiche Geldanlage. Aber sie sind nicht sicher. Die Kurse an den Börsen schwanken, mitunter stürzen sie steil ab. Anlegerinnen und Anleger würden sich dagegen gerne absichern. Tatsächlich gibt es zahlreiche Absicherungsinstrumente, von denen wir einige hier vorstellen. Vorweg: Alle Absicherungsstrategien haben ihre Vor- und Nachteile. Die beste von allen ist die richtige Mischung. Der Reihe nach.

Augen zu und raus?

Wer Angst vor einem baldigen Crash hat, könnte seine Aktienanlagen ganz einfach verkaufen.

Vorteil: Bei einem Portfolio mit sehr wenigen Aktien und Fonds ist das eine kostengünstige Absicherungsstrategie. Anleger mit günstigen Depots werden durch die Handelskosten heutzutage auch nicht mehr ruiniert. Andere Kosten fallen nicht an. Und man kann selbst bestimmen, wann man wieder in den Markt einsteigen möchte.

Nachteil: Sollte das Portfolio größer sein und viele Titel enthalten, wird es aufwendig und teurer. Falls man sich geirrt hat und die Kurse weiter aufwärts gehen, nimmt man an weiteren Gewinnen nicht mehr teil. Und die Wahrscheinlichkeit, dass man sich irrt und Gewinne verpasst, ist groß. Viele Leute nehmen zum Beispiel an, dass es nach einem neuen Allzeithoch auf jeden Fall wieder runtergeht. Manchmal stimmt das, meistens aber nicht.

So arbeiten professionelle Fondsmanager

Die gängigste Möglichkeit, mit der professionelle Portfolioverwalter heute absichern, ist der Verkauf von Futures. Futures sind standardisierte und an speziellen Börsen gehandelte Termingeschäfte, die sich auf einen bestimmten Basiswert beziehen. Das kann ein Index sein, eine Aktie oder ein Rohstoff. Abgerechnet wird bei Fälligkeit, außer der Sicherheitsmarge müssen Investoren bei Kauf kein Geld auf den Tisch legen.

Deshalb zählen sie zu den Hebelprodukten: Man gewinnt oder verliert mehr als beim direkten Kauf des Basiswertes. Futures auf die weltweit gängigen Aktienindizes sind leicht verfügbar. Mit einem Depot aus Einzelaktien stimmen die Indizes zwar nicht eins zu eins überein, aber meist ist ein passender Index-Future eine völlig ausreichende Annäherung an das abzusichernde Portfolio.

Vorteil: Die große Auswahl an Futures ermöglicht, gängige Portfolios genau genug abzusichern. Futures für Standard-Indizes sind liquide. Wenn einer ausläuft, kann die Absicherung leicht mit einem neuen verlängert werden. Man muss wenig Cash vorstrecken.

Nachteil: Auch hier partizipiert man nicht mehr an Gewinnen seines eigentlichen Portfolios, sollten die Märkte doch steigen. Sie werden dann durch die Verluste der Futures aufgefressen. Nur professionelle Anleger haben Zugang zu Terminbörsen.

Absicherungsmöglichkeiten für private Anlegerinnen und Anleger

Privatanleger haben keine Möglichkeit, Futures zu handeln. Sie können aber auf andere, ähnliche Instrumente zurückgreifen, zum Beispiel auf gehebelte Derivate wie Mini-Futures, Turbos, Faktor- oder Knock-Out-Optionsscheine.

Die Papiere unterscheiden sich im Detail, doch sie funktionieren so ähnlich wie Futures und haben in etwa dieselben Vor- und Nachteile wie die oben beschriebenen Absicherungsmöglichkeiten. Hinzu kommen eventuell höhere Kosten.

Put-Option: Gut, aber teuer

Es gibt eine gängige Möglichkeit, sich gegen Verluste abzusichern und trotzdem an Gewinnen teilzuhaben: Put-Optionen beziehungsweise Optionsscheine. Wenn der Markt und das eigentliche Portfolio fallen, steigen die Put-Optionen im Wert und kompensieren die Portfolioverluste.

Vorteil: Wenn der Markt und das Portfolio doch steigen sollten, dann war die Option zwar nutzlos, aber am Marktanstieg nimmt man mit seinem Portfolio vollständig teil. Nur die Kosten für die Option gehen verloren.

Nachteil: Optionen sind teuer und haben eine begrenzte Laufzeit. Daher funktioniert damit eine dauerhafte und vollständige Portfolioabsicherung nicht – die Kosten fressen schnell den gesamten Portfoliowert auf. Für Anfänger ist die Wertentwicklung der Optionen oder Optionsscheine während der Laufzeit schwer zu durchschauen.

Mit Short-ETF auf fallende Kurse setzen?

Mit einem Short-ETF nehmen Anleger nicht an der tatsächlichen, sondern der gegenteiligen Entwicklung des Basiswerts teil. Daher ist mitunter auch von inversen ETF die Rede. Ein Short-ETF auf den Dax fällt, wenn der Dax steigt. Und er steigt, wenn der Dax fällt. Auf diese Weise können sich Anleger vor fallenden Kursen schützen.

Vorteil: Mit Short-ETF lässt sich kurzfristig sehr gut auf fallende Kurse setzen.

Nachteil: Die perfekte Absicherung bieten Short-ETF nur am ersten Tag. Wie gut sie über längere Zeiträume ein bestehendes Portfolio absichern, hängt hingegen vom genauen Kursverlauf des Basiswertes ab. Short-ETF ohne Hebel verlangen einen hohen Einsatz – ein halbwegs vollständig abgesichertes Portfolio besteht zu 50 Prozent aus Short-ETF. Mit einem (Short-)Hebel von zwei machen sie immer noch circa ein Drittel des Portfolios aus.

Die Tücken der Stop-Loss-Orders

Manche Anleger, die verhindern wollen, dass ihr ETF beim nächsten Crash Verluste macht, setzen dafür eine Stop-Loss-Order.

Wir raten davon ab. Eine Stop-Loss-Order löst, sobald bei einem Kurssturz ein bestimmter Indexstand erreicht ist, einen Verkaufsauftrag aus. Allerdings wird der ETF nicht bei diesem, sondern dem nächstmöglichen handelbaren Kurs verkauft. Und der kann deutlich tiefer liegen.

Die beste aller Absicherungsstrategien

Die gute Nachricht für alle Anleger ist: Tatsächlich benötigen Sie keine Absicherungsstrategie – vorausgesetzt, Sie haben Ihr Depot gut aufgestellt und die Mischung zwischen riskanten und sicheren Anlagen entsprechend Ihres Risikotyps ausgewählt. Die drei Varianten unseres Pantoffel-Portfolios – defensiv, ausgewogen, offensiv – können als Blaupause für die passende Mischung dienen. Denken Sie auch daran: Aktienanlagen sind langfristige Investments.

Sie sollten nicht erwarten, dass man durch irgendeine Absicherungsstrategie weniger Risiko eingehen kann, gleichzeitig aber die Renditechancen einer „normalen" Anlage erhalten kann.

Also: wenn es das nächste Mal crasht, dann schauen Sie sich Ihr Gesamtdepot an, nicht nur den Aktienanteil allein. Das ergibt ein realistischeres Bild Ihrer Geldanlage und ist besser für die Nerven.

Ein Beispiel: Angenommen, Sie haben entsprechend Ihrer Risikoneigung 40 000 Euro in einem ausgewogenen Depot liegen, das je zur Hälfte aus Aktien-ETF und Zinsanlagen besteht. Nun fällt der Aktienanteil von 20 000 Euro auf 16 000 Euro. Dann hat der Aktienanteil zwar 20 Prozent Verlust gemacht (4 000 Euro von 20 000 Euro), ihr gesamtes Portfolio hingegen nur 10 Prozent (4 000 Euro auf 40 000 Euro).

Anlegen auf Sicht kostet Rendite

Anlegen für drei, vier oder fünf Jahre – immer wieder aufs Neue. Anleger lieben es. Tausende Bankprodukte sind darauf zugeschnitten. Schlecht ist es trotzdem.

Es geht schon beim Festgeld los. Fünf Jahre anlegen? Besser nur zwei oder drei und dann mal weiterschauen, sagen sich viele. Anlegerinnen und Anleger scheuen sich oft, ihr Geld über längere Zeit fest anzulegen. Auch Aktieninvestments werden schwierig, wenn man nur auf Sicht fahren will. Das Ergebnis: Geringe Renditechancen.

Was bringt was?

Aktien zählen zu den höchsten Renditebringern, aber haben auch erhebliche Risiken. Langfristig konnte man mit weltweit gestreuten Aktien mehr als 7 Prozent pro Jahr erzielen. Aber es waren auch Verlustphasen möglich, während denen breit gestreute Depots 60 Prozent ihres Wertes verloren.

Für Anleihen gab es in der Nullzinsphase bis Ende 2021 eben „Null". Heute sind wieder 1,5 bis 3 Prozent p. a. drin.

Immobilien erzielen in der Regel etwas mehr Rendite als Anleihen, aber dafür sind sie nicht so liquide und die Verwaltung verursacht Kosten.

Rohstoffe bringen keinen systematischen Ertrag, können aber als Beimischung das Risiko des Gesamtportfolios senken. Das Rendite-Risiko-Verhältnis verändert man dadurch langfristig kaum.

Wer Vermögen aufbauen möchte, kommt also um Aktien nicht herum. Das beißt sich aber mit dem so beliebten übersichtlichen Anlagehorizont von nur ein paar Jahren.

Aktienrenditen mit geringem Risiko?

Aktien haben mit ihrem hohen Ertragspotenzial auch immer ein hohes Kursrisiko. Aber eine Besonderheit von Aktien ist, dass die Renditen kurzer Anlageperioden zwar extrem schwanken, aber die Schwankungsbreite der erzielbaren Renditen mit zunehmendem Anlagehorizont immer weiter abnimmt.

Das verdeutlicht unsere Untersuchung. Sichtbar wird ein „Renditetrichter": Wer nur für ein Jahr in Aktien anlegt, kann extreme Renditen erzielen: In der Vergangenheit war zwischen minus 39 bis plus 66 Prozent alles möglich. Die Spreizung der Ergebnisse lag bei über 100 Prozentpunkten.

Wer aber über 15 Jahre in Welt-Aktien investiert war, hat im schlechtesten Fall plus 6,7 und im besten Fall plus 11,3 Prozent pro Jahr erwirtschaftet – hier lagen die Ergebnisse nur noch 11 Prozentpunkte auseinander. Und in keinem Fall gab es einen Verlust.

Ein Kampf, den Bankberater nicht oft kämpfen

Bankberaterinnen und -berater erleben Tag für Tag den Wunsch der Anleger, sich nicht zu langfristig festlegen zu wollen. Womöglich versucht es der eine oder andere, seine Kundinnen und Kunden von einer planvollen, langfristigen Anlage zu überzeugen. Doch oft befriedigen die Berater das Bedürfnis nach Geldanlage auf Sicht.

Dafür haben sie ein ganzes Arsenal an Produkten in der Schublade, welches dem Wunsch nach überschaubarer Anlagedauer Rechnung trägt – aber um den Preis geringerer Renditen. Sie bieten hierfür beispielsweise Zertifikate an, Expresszertifikate etwa. Die versprechen Teilhabe am Aktienmarkt, bieten aber keinen Kapitalschutz.

Neuerdings gibt es auch wieder Zertifikate mit vollem Kapitalschutz oder andere mit reduziertem Risiko. Hinzu kommt, dass Berater oft zusätzlich verdienen, wenn sie ein Produkt frisch verkaufen – dem Ausgabeaufschlag sei Dank. Natürlich ist es lukrativ, wenn der Anleger alle drei bis fünf Jahre sein Geld in neue Produkte anlegen muss.

Fazit: Realistisch planen lohnt sich

Wer nur aus Bequemlichkeit und aus vermeintlicher Flexibilität immer „auf Sicht“ anlegt, lässt sehr viel Geld liegen.

Wer wirklich Vermögen aufbauen möchte, sollte sich die Mühe machen und realistisch planen, welche Summen er wann benötigt. Sie werden es selbst schon festgestellt haben: Oft können Sie Ihre kurzfristigen Geldanlagen zwei, dreimal oder noch öfter verlängern, ehe Sie das Geld wirklich benötigen.

Tipps für eine gut aufgebaute Geldanlage

Wir zeigen Ihnen, wie Sie Ihr Geld gleichzeitig flexibel und trotzdem langfristig anlegen können.

→ **Teilen Sie Ihr Geld auf.** Legen Sie eine bestimmte Summe als Notgroschen aufs Tagesgeld. Auf diese Weise bleiben Sie flüssig und kommen im Fall der Fälle an Ihr Geld heran. Den Rest Ihrer Ersparnisse legen Sie längerfristig fest – einen Teil in sichere Zinsanlagen, den anderen in Aktienfonds. Wie das funktionieren kann, zeigt unsere Anlagestrategie mit dem Pantoffel-Portfolio.

→ **Risikotyp realistisch einschätzen.** Wählen Sie den Aktienanteil so, dass Sie die unvermeidlichen Kursschwankungen der Börsen aushalten. Ein Notverkauf im Aktientief, weil die Nerven reißen, ist noch schlechter, als auf Sicht anzulegen.

→ **Rendite mit Welt-ETF.** Für den Renditebaustein wählen Sie am besten breit streuende Aktien-Welt-ETF, die von uns mit 1. Wahl ausgezeichnet sind.

→ **Sicherheit.** Wenn Sie mögen, können sie den sicheren Teil Ihrer Geldanlage mit Euro-Rentenfonds bestreiten. Nach der Zinswende können sich Euro-Rentenfonds wieder lohnen. Die Fonds laufen unbegrenzt, im Notfall können Sie sie aber jederzeit über die Börse verkaufen.

Die wichtigsten Antworten zu ETF

Über ETF sind einige irreführende Aussagen im Umlauf. Gerne wird etwa der Eindruck erweckt, aktiv gemanagte Fonds seien sicherer.

Im Zusammenhang mit ETF ist oft von Risiken die Rede, die in diesen noch relativ neuen Produkten stecken sollen. Das ist kein Wunder: Bankberater verkaufen in der Regel lieber aktiv gemanagte Fonds als ETF, weil sie mehr daran verdienen. So kommt es auch zu Aussagen wie „Fondsmanager können Aktien rechtzeitig verkaufen, ehe es mit den Kursen nach unten geht. Bei ETF hängen Sie mit drin." Fakt ist, dass Fondsmanager auch nicht besser aus- und wieder einsteigen können.

Des Weiteren werden ETF verdächtigt, Crashs zu verstärken oder dafür zu sorgen, dass die Preisfindung auf den Märkten nicht mehr funktioniert. In unserem FAQ klären wir auf und beantworten auch häufige Fragen, etwa zum Währungsrisiko von ETF, zu den Risiken von Swap-ETF, zu Wertpapierleihe und zum Herdenverhalten an der Börse.

„Soll ich ein Stop-Loss-Limit setzen, um Kursverluste bei Crashs zu vermeiden?"

Das empfiehlt sich in der Regel nicht. Bei einem Stop-Loss-Limit wird eine automatische Verkaufsorder ausgelöst, wenn der ETF einen bestimmten Kurs erreicht. Verkauft wird allerdings nicht zu diesem Kurs. Relevant ist der Kurs, zu dem die Order schlussendlich ausgeführt wird – der kann gerade bei Crashs weit darunter liegen. Das kann zu hohen Verlusten führen, besonders dann, wenn der Anleger wieder einsteigen möchte, aber die Kurse sich inzwischen erholt haben. Für langfristig orientierte Anleger sind kurzfristige Marktverwerfungen kein Problem.

„Ich habe gehört, dass es ETF bei einem Crash viel schlimmer erwischt als aktiv gemanagte Fonds. Ist das richtig?"

Nein, normalerweise nicht. Ein ETF entwickelt sich wie der Index, den er abbildet. Steigt der Index, steigt der ETF. Wenn der Index einbricht, dann bricht genauso auch der ETF ein. In Krisen können ETF allerdings anders reagieren als üblich. Im August 2015 zum Beispiel kam es an der Wall Street zu einem kurzen, heftigen Kurseinbruch bei Aktien, einem Flashcrash. In der Folge brachen auch die Kurse der ETF ein, teils stärker als die des Aktienindex – was nicht sein dürfte, denn ETF zeichnen den Index ja nach. Als Ursache galten die Handelsregeln der US-Börsen. Zeitweise wurden Aktien, aber auch ETF, vom Handel ausgesetzt. Die Mechanismen, die dafür sorgen, dass ein ETF so viel wert ist wie sein Index, haben für ein paar Stunden versagt. In Deutschland gab es an jenem Tag im August 2015 nur kleinere Irritationen.

Die Bundesbank hat im Monatsbericht Oktober 2018 verschiedene Flash Crashs analysiert. ETF hatten dabei teils stärker an Wert verloren als ihre zugrunde liegenden

Wertpapiere. „Der Markt für ETF scheint zwar wesentlich beteiligt, jedoch nicht Auslöser der jeweiligen Entwicklungen gewesen zu sein“, schreibt die Bundesbank, und weiter: Es könne nicht ausgeschlossen werden, dass es in größeren Krisen auch zu längeren Phasen fallender Preise kommen könne. Damit ETF auch in unruhigen Zeiten funktionierten, bestünden bereits Schutzvorkehrungen. So sorgten zum Beispiel Unterbrechungen des Börsenhandels für Stabilität.

„Ist ein aktiver Fonds nicht besser als ein ETF?“

Ein aktiv gemanagter Fonds kann sich anders entwickeln als der Index. Hier ist ein Fondsmanager am Werk, der manche Aktie aus dem Index vielleicht gar nicht kauft und dafür andere stärker gewichtet. So könnten sich aktiv gemanagte Fonds im Vorfeld eines Crashs schon entsprechend positionieren, dass es sie nicht so schlimm erwischt. Dann entwickelt sich der Fonds anders als der Index, egal, ob der Markt steigt oder fällt.

Das bedeutet: Es kann durchaus sein, dass ein aktiv gemanagter Fonds besser durch eine Krise kommt als ein ETF. In unserem Fondsdauertest stellen wir aber immer wieder das Gegenteil fest. Da es aktiv gemanagten Fonds nur selten gelingt, dauerhaft besser als der Gesamtmarkt abzuschneiden, halten wir ETF für die erste Wahl. Breit streuende ETF liegen in ihrer Fondsgruppe langfristig meist unter den Top-Fonds.

„Es heißt, dass ETF zur Blasenbildung an den Börsen beitragen. Stimmt das?“

Hinter der Annahme, dass börsengehandelte Fonds (ETF) zur Blasenbildung beitragen, also bestehende Trends verstärken, steckt oft ein Denkfehler. Manche Anlegerinnen und Anleger nehmen nämlich an, dass ETF in Aktien investieren, wenn die Kurse steigen, und sie wieder verkaufen, wenn die Kurse fallen. Doch das stimmt so nicht: ETF kaufen nur dann Aktien, wenn Anleger neues Geld einzahlen – und verkaufen sie nur, wenn Anleger ihre Anteile zurückgeben. Halten sich Käufe und Verkäufe die Waage, wirkt sich das nicht auf die Kurse aus. Der Wert der ETF-Anteile steigt oder sinkt mit dem Preis der gehaltenen Aktien.

Weil ETF so einfach handelbar sind, könnten Anleger sie im Fall eines Crashs schneller verkaufen, so die Befürchtung. Würden sie das tun, müssten die ETF-Anbieter Aktien aus dem Fonds verkaufen und würden so dafür sorgen, dass die Kurse an der Börse noch weiter fallen. Der Internationale Währungsfonds (IWF) sah in einer Untersuchung allerdings keine Anhaltspunkte dafür, dass ETF mehr als aktiv gemanagte Fonds Crashs verstärken oder Aufwärtstrends befeuern.

„Wenn es immer mehr ETF gibt, funktioniert der Markt dann überhaupt noch?“

Die Preise für Aktien werden durch Angebot und Nachfrage ermittelt. Anders als aktive Fonds picken ETF sich nicht einzelne Titel heraus, die sie für vielversprechend halten, sondern kaufen alle in einem Index gelisteten Wertpapiere.

Einige Anleger treibt die Sorge um, dass es keine richtigen Kurse mehr gibt, wenn keiner mehr aktiv handelt. Würden irgendwann alle nur noch ETF kaufen, könnte der Markt tatsächlich nicht mehr richtig funktionieren. Experten zufolge dürfte es aber immer Menschen geben, die den Ehrgeiz haben, den Markt zu schlagen, und in aus ihrer Sicht unterbewertete Aktien investieren – vor allem dann, wenn sie der Ansicht sind, dass die Preise nicht mehr richtig abgebildet werden.

„Sind ETF besser handelbar als Einzelpapiere?"

Oft heißt es, ETF würden Handelbarkeit nur vortäuschen – gerade wenn sie in illiquide, also schlecht handelbare Papiere investieren. Doch ETF sind in normalen Marktphasen häufig besser handelbar als die Wertpapiere, die sie kaufen. Das gilt etwa für ETF, die in hoch verzinste Anleihen investieren. Solche Anleihen werden nämlich nicht regelmäßig gehandelt – es kann daher passieren, dass Kaufinteressenten schlechte Preise bekommen (oder gar keine). Hier haben es ETF-Anleger leichter. Der ETF kann den Besitzer wechseln, ohne dass eine einzige Anleihe gehandelt werden muss.

Kommt es hart auf hart, kann ein Fonds aber nicht liquider sein als die Werte, in die er investiert. Anleger kennen das von offenen Immobilienfonds, die im Normalfall besser handelbar sind als die Gebäude, in die sie investieren. In der Finanzkrise, als zu viele Investoren auf einen Schlag ihr Geld abziehen wollten, gerieten einige Fonds jedoch in die Bredouille und mussten schließen, weil sie die Immobilien nicht so schnell verkaufen konnten.

Ein ETF kann in so einem Fall auch unter dem Niveau des abgebildeten Index handelbar sein, wahrscheinlich mit großen Spannen zwischen An- und Verkaufskurs. Beruhigen sich die Märkte, wird der ETF wieder den Index abbilden.

„Was bedeutet physische und synthetische Indexnachbildung?

Wenn ein ETF die Titel aus dem Index hält, spricht man von physischer Replikation. Vollreplizierend ist der ETF, wenn er dazu alle im Index gelisteten Werte kauft. Beim Dax mit seinen 40 Werten ist das einfach umzusetzen, beim Weltaktienindex MSCI World mit seinen rund 1400 Titeln wird es schon schwieriger. Einige ETF kaufen deshalb nur einen Teil der MSCI-World-Aktien – das ist die optimierte Nachbildung. Auch optimierende ETF können Indizes sehr gut abbilden. Bei der synthetischen Replikation wird der Index künstlich abgebildet. Der ETF kauft nicht die Titel aus dem Index, sondern andere Wertpapiere. Damit er sich trotzdem so entwickelt wie der Index, schließt er ein Tauschgeschäft – einen Swap – ab.

„Und wie genau funktioniert ein Swap?“

In dem Swap, dem Tauschgeschäft, ist geregelt, dass der ETF die Wertentwicklung des Index bekommt. Der Tauschpartner, meist eine große Bank, erhält im Gegenzug die Rendite der Aktien im ETF.

„Sind Swap-ETF riskant?"

Für ihr Portfolio müssen ETF gut handelbare Werte kaufen. Das schreibt der Gesetzgeber vor. Doch ganz ohne Risiko ist der Tausch nicht – der Tauschpartner könnte pleitegehen. Der Swap darf allerdings maximal 10 Prozent des Fondsvermögens betragen, häufig ist er auch abgesichert. Mittlerweile sind viele Anbieter auf physische Replikation umgestiegen.

Von den rund 2 900 ETF in unserem Fondsfinder bilden nur rund 400 ihren Index synthetisch ab. Wem die Swap-Konstruktionen suspekt sind, der muss sie nicht kaufen. Eine Ausnahme sind Rohstoff-ETF, die die Preise von Rohstoffen abbilden: Die gibt es nur in synthetischer Form.

„Was ist der Grund dafür, einen ETF per Swap nachzubilden?"

Der Fondsanbieter vereinbart den Tausch, damit er sich nicht selbst um die Indexnachbildung kümmern muss und Kosten sparen kann. Die Arbeit erledigt der Tauschpartner, der das besser kann. Tauschpartner ist meist eine große Bank.

Sie können sich das ungefähr so vorstellen: Sie pflanzen einen Apfelbaum und ihr Nachbar einen Birnbaum. Die Äpfel essen Sie aber nicht selbst, sondern geben sie Ihrem Nachbarn. Und der gibt Ihnen die Birnen. Der Grund dafür, dass Sie nicht selbst einen Birnbaum pflanzen, könnte beispielsweise sein, dass der auf dem Nachbargrundstück besser gedeiht. So ähnlich ist das bei den ETF auch.

„Wie unterscheiden sich die Regeln für Swap-ETF und normale Fonds?“

Die meisten Fonds und alle ETF in Europa und Deutschland folgen den gleichen, europäischen Fondsregeln, nämlich den OGAW-Richtlinien (Organismen für gemeinsame Anlagen in Wertpapieren, engl. „Ucits“). Unter anderem legen diese Richtlinien fest, wie stark ein Fonds seine Anlagen streuen muss. Die Obergrenze für Anlagen bei einem einzigen Emittenten (Aktien, Anleihen und Derivate) liegt bei 10 Prozent des Fondsvolumens. Die 10-Prozent-Grenze gilt auch für den Umfang der Swaps in einem synthetischen ETF. Ausnahmen sind zum Beispiel für Bundesanleihen möglich. Die kann ein Fonds auch zu 100 Prozent halten.

ETF, die einen Index abbilden, dürfen ausnahmsweise den größten Wert mit maximal 35 Prozent gewichten, die anderen dann mit höchstens 20 Prozent. Im MSCI Switzerland zum Beispiel hat Nestlé Stand Mai 2025 ein Gewicht von etwas mehr als 15 Prozent, Roche und Novartis um die 13 Prozent. Im MSCI Taiwan kommt TSMC auf einen Anteil von 52 Prozent. Der iShares MSCI Taiwan ETF zum Beispiel behilft sich hier mit einem angepassten Index, dem MSCI Taiwan 20/35 Index. Derzeit kommt TSMC dort auf ein Gewicht von rund 30 Prozent.

„Welche Wertpapiere stecken in synthetischen ETF?“

Der größte Teil des Fondsvermögens besteht aus Aktien oder Anleihen. Bei Aktien-ETF sind das gut handelbare, große Aktien. Dieser Aktienkorb wird auch „Trägerportfolio“ genannt. Für dieses Trägerportfolio gelten wieder die OGAW-Richtlinien wie für jeden anderen (OGAW-)Fonds.

Die meisten ETF-Anbieter veröffentlichen die Zusammensetzung der Trägerportfolios tagesaktuell auf ihren Webseiten. Oft wird auch der aktuelle Swap-Wert angezeigt. Wenn er positiv ist, dann schuldet der Swap-Partner dem ETF Geld. Ein Swap kann aber auch negativ sein.

„Kann es sein, dass ein Swap-ETF pleitegeht und mein Geld komplett verloren ist?“
Nein. Der Swap darf nicht mehr als 10 Prozent des Fondsvermögens ausmachen. Sollte der Swap-Partner, mit dem der ETF den Swap abgeschlossen hat, pleitegehen, dann sind maximal 10 Prozent verloren, nicht alles.

„Haben physisch replizierende ETF auch Risiken?“
Ja, wenn auch begrenzt. Physisch replizierende ETF kaufen zwar die Titel aus dem Index, doch oft verleihen sie diese an Investoren, die auf fallende Kurse spekulieren. Der Vorteil: Aus der Leihe fließen zusätzliche Erträge. Der Nachteil: Der Leihpartner könnte pleitegehen. Dieses Risiko wird aber durch die Hereinnahme von Sicherheiten abgefedert. Das ist vorgeschrieben. ETF machen nichts, was andere Fonds nicht auch machen dürfen. Auch aktiv verwaltete Fonds können Gegenparteirisiken aufweisen – weil sie wie ETF Derivate nutzen oder Wertpapierleihe betreiben.

„Kann es sein, dass mein Swap-Partner spekuliert?“
Der Vorwurf lautet, der Swap-Partner verpflichte sich zwar zur Lieferung der Index-Performance, investiere aber in ganz andere Papiere als die Indextitel – in der Hoffnung, damit mehr zu verdienen. Das ist falsch. Swap-Partner –

das sind immer große Banken – trennen ihre Aktivitäten: Dienstleistungen für Dritte – wie zum Beispiel ein Swap-Geschäft mit einem ETF-Anbieter – lassen sie sich bezahlen, indem sie eine kleine Gewinnmarge für sich kalkulieren; darüber hinaus spekulieren sie in der Regel nicht. Der Swap-Partner – die Bank – wird also in irgendeiner Art in die Indextitel investiert sein.

Der Bereich in der Bank, der sich um die Abbildung von Indizes mit den passenden Aktienkörben kümmert, heißt „basket trading". Manche Banken unterhalten darüber hinaus eine separate Abteilung für den sogenannten Eigenhandel, die auf alles Mögliche wettet.

„Wie kann man erkennen, ob ein ETF den Index per Swap abbildet?"

Manche Anbieter schreiben direkt in den Produktnamen, ob es sich um einen Swap-ETF handelt, etwa Xtrackers. In der Regel finden Sie auf der Website des ETF-Anbieters Angaben dazu, ob der Fonds Swaps verwendet. Oft ist von „synthetischer" oder „indirekter Replikation" die Rede. Sie können sich auch auf der Internetseite des Anbieters das Basisinformationsblatt herunterladen, dort stehen die entsprechenden Infos meist gleich am Anfang.

Die Replikationsmethode ist in unserem Fondsvergleich angegeben. An jedem Fondsnamen steht eine Fußnote, wenn der ETF Swaps verwendet. Zudem können Sie gezielt danach filtern, wie der ETF den Index nachbildet. Klicken Sie dazu in der Listenansicht auf „weitere Filter" und „ETF: Indexnachbildung". Nun können Sie zwischen physischer und synthetischer Replikation wählen.

„Mein Berater sagt, ein ETF sei riskanter als Aktienfonds?"
Ihr Bankberater hat Unrecht. ETF und aktiv gemanagte Fonds sind vom Risiko her vergleichbar – vorausgesetzt, sie sind im selben Anlagemarkt unterwegs und legen zum Beispiel beide weltweit in Aktien an. Unterschiede gibt es nur im Detail: Im Weltaktienindex MSCI World sind rund 1400 Titel enthalten. Diese breite Streuung senkt das Risiko. Aktiv gemanagte Fonds halten meist zwischen 50 und 150 Titel, also viel weniger. Einige aktiv gemanagte Fonds sind daher sogar ein wenig riskanter als ein ETF – anders als Ihr Berater sagt. Es gibt aber auch aktiv gemanagte Fonds, die trotz ihrer geringeren Streuung weniger riskant sind als ETF.

Achten Sie beim Kauf von ETF unbedingt auf den Markt, in den der ETF investiert. Das größte Risiko bei ETF und aktiven Fonds sind die Schwankungen der Aktienmärkte. Wählen Sie als Grundlage für Ihr Depot daher einen breit gestreuten, am besten weltweit anlegenden Fonds.

„Der MSCI World Index steht wegen seines hohen US-Anteils in der Kritik. Können aktiv gemanagte Fonds hier besser streuen?"
Stimmt, aktiv gemanagte Fonds können von den Vorgaben des Indexes individuell abweichen. Im MSCI World sind amerikanische Aktien derzeit mit rund 70 Prozent vertreten. Der Deka DividendenStrategie Aktienfonds Welt zum Beispiel hält aktuell nur knapp 40 Prozent US-Titel. Zurzeit bewerten wir den Anlageerfolg des Fonds mit vier von fünf Punkten. Wer mag, kann den US-Anteil in seinem Basisinvestment auch mittels weiterer ETF he-

runterschrauben. Wie das geht, lesen Sie im Kapitel "Mit ETF nach Wirtschaftskraft investieren", ab S. 107.

„Beim Kauf meines ETF habe ich festgestellt: die Anteile notieren in Dollar . Ist das Währungsrisiko zu hoch?"
Die Währung, in der die Fondsanteile notieren, spielt keine Rolle. Entscheidend ist allein, in welche Papiere der ETF investiert. Kauft er deutsche Aktien, gibt es für hiesige Anleger kein Währungsrisiko. Das Geld liegt in Papieren, die auf Euro lauten. Wenn Sie zum Beispiel einen Sparplan abschließen, dann wird die Sparrate – beispielsweise 50 Euro – zunächst in Dollar umgerechnet, um die Anteile zu kaufen. Doch das Geld bleibt nicht in Dollar liegen, sondern fließt sofort in die Aktien, in die der ETF investiert. Legt der ETF jedoch in US-Aktien an, hängt die Rendite nicht nur von der amerikanischen Börse ab, sondern auch von der Entwicklung des Dollar. Auch im MSCI World liegen viele US-Aktien. Hier besteht ein Währungsrisiko, doch das gehört zu den normalen Anlagerisiken – bei ETF und bei aktiven Fonds. Bei Welt-ETF erhöht das Währungsrisiko in der Regel das Gesamtrisiko nicht.

„Sind ETF auch als Sondervermögen geschützt?"
Ja. ETF sind Sondervermögen und genießen besonderen Schutz: Das Geld der Anleger im Fonds wird getrennt verwahrt vom Vermögen, das der Fondsgesellschaft gehört. Das ist wichtig, falls die Fondsgesellschaft in Zahlungsschwierigkeiten gerät. Bei einer Pleite hat der Insolvenzverwalter nur Zugriff auf das Vermögen der Fondsgesellschaft. Das Geld in den Fonds ist geschützt.

Die wichtigsten Strategien

Das Pantoffel-Portfolio – bequem und erfolgreich

Das Pantoffel-Portfolio ist ein Anlagekonzept für das ganze Leben und funktioniert sowohl mit 50 Euro monatlich als auch mit 50 000 Euro auf einen Schlag. Zwei Bausteine genügen völlig.

Mit der Anlagestrategie der Stiftung Warentest können Anlegerinnen und Anleger auf unterschiedliche Ziele sparen. Pantoffel-Portfolio deshalb, weil es so einfach umzusetzen ist. Es besteht aus einem Rendite- und einem Sicherheitsbaustein, die sich je nach Risikobereitschaft unterschiedlich mischen lassen. Und obwohl es so bequem ist, bringt es ansehnliche Erträge.

Das Pantoffel-Portfolio besteht aus zwei Teilen, einem Renditebaustein mit Aktienfonds und einem Sicherheitsbaustein mit Zinsanlagen. Die einfachste Version des Pantoffel-Portfolios hat als ersten Baustein einen ETF auf den MSCI World, den gebräuchlichsten Weltaktienindex. Er umfasst rund 1400 Aktien aus 23 Industrieländern. Entsprechende ETF gibt es von verschiedenen Anbietern. Wir zeigen in diesem Kapitel, welche ETF infrage kommen – sowohl klassische als auch nachhaltige.

Zweiter Baustein ist ein Tagesgeldkonto oder ein Mix aus Tagesgeld und Festgeld. Es passt auch ein ETF, der in sichere europäische Staatsanleihen oder einen Mix aus Staats- und Unternehmensanleihen investiert. Wer möchte, kann das Pantoffel-Portfolio mit Beimischungen wie Dax-ETF, Dividenden-ETF oder Gold ergänzen.

Drei Varianten – je nach Risikotyp

Die Mischung aus Rendite- und Sicherheitsbaustein hängt vom Risikotyp ab. Vorsichtige Anlegerinnen und Anleger wählen mehr Zinsanlagen als Aktien, Risikofreudige setzen in erster Linie auf Aktien. Für die meisten passt aus unserer Sicht das ausgewogene Portfolio mit je zur Hälfte Aktienfonds und Zinsprodukten.

→ **Passt fast immer – die ausgewogene Variante:** Für die meisten Anlegerinnen und Anleger passt aus unserer Sicht das ausgewogene Portfolio, das je zur Hälfte Aktienfonds und Zinsprodukte enthält. Es ist nicht zu riskant und bietet trotzdem ansehnliche Renditechancen. Die durchschnittliche Rendite belief sich in den vergangenen drei Jahrzehnten auf gut 5 Prozent pro Jahr. Die schlechteste Ein-Jahres-Rendite lag bei einem Minus von rund 20 Prozent.

→ **Für Risikofreudige – die offensive Variante:** Mit Aktienfonds lassen sich deutlich höhere Renditen erzielen als allein mit Tagesgeld oder Festgeld. Auf dem Weltaktienmarkt waren in den vergangenen Jahrzehnten im Schnitt Renditen zwischen 6 und 8 Prozent pro Jahr möglich. Mit dem offensiven Pantoffel-Portfolio setzen Anlegerinnen und Anleger vor allem auf Aktien: Der Anteil an Aktienfonds im Portfolio beträgt 75 Prozent. Nur 25 Prozent des Geldes fließen in Zinsanlagen.

→ **Für Vorsichtige – die defensive Variante:** Pantoffel-Portfolios unterliegen den Schwankungen der Börsen. Je höher der Aktienanteil, desto höher können die Aufs und Abs ausfallen. Mit anderen Worten: Es kann auch Jahre geben, die mit Verlust enden. Für Anlegerinnen und Anleger, die bei ihrer Geldanlage Schwankungen möglichst gering halten wollen, ist die defensive Pantoffel-Variante mit einem Aktienanteil von 25 Prozent am besten geeignet. 75 Prozent des Geldes fließen in sichere Zinsanlagen. Wer zwischenzeitliche Verluste gar nicht verkraften kann, für den ist das Pantoffel-Portfolio leider nicht geeignet.

Depot eröffnen, ETF kaufen, Tagesgeld einrichten

Das Pantoffel-Portfolio eignet sich für die einmalige Anlage größerer Beträge ebenso wie für Sparpläne mit monatlicher Einzahlung. Für die Welt-Aktienfonds und eventuell die Euro-Rentenfonds benötigen Anleger und Anlegerinnen ein Wertpapierdepot. Wir erläutern die erforderlichen Schritte und zeigen in einer übersichtlichen Tabelle, welche ETF infrage kommen – in der klassischen oder der nachhaltigen Variante.

Bequem und für alle geeignet

Das Pantoffel-Portfolio heißt so, weil es so bequem ist. Einmal eingerichtet, macht es kaum noch Arbeit. Anlegerinnen und Anleger müssen sich weder mit der aktuellen Börsenlage noch mit Unternehmen oder Geschäftszahlen auskennen. Die einmal ausgewählten ETF können Sie dauerhaft behalten.

Auch Tagesgeld muss nicht ständig erneuert werden. Wichtig ist aber, gelegentlich die Aufteilung der einzelnen Bausteine wieder an den ursprünglich gewünschten Stand anzupassen (siehe „So klappt das Rebalancing beim Pantoffel-Portfolio", S. 86).

Ein Konzept – viele Ziele

Ob als zusätzliche Altersvorsorge, als Baustein für eine spätere Immobilienfinanzierung, um das Geld aus einer Erbschaft anzulegen oder einfach mal, um drauflos zu sparen. Das Pantoffel-Portfolio eignet sich für viele Ziele. Wenn es nicht gleich der Bund fürs Leben sein soll – es eignet sich auch als Lebensabschnittsgefährte, um sich Wünsche zwischendurch zu erfüllen. Starten kann man damit jederzeit.

Wer schon ein bisschen was auf die Seite gelegt hat, kann mit seinem Geld ein Pantoffel-Portfolio bauen. Dabei müssen beileibe keine riesigen Summen zusammen gekommen sein. Einmalanlagen lohnen sich bei Onlinebanken ab Summen von ungefähr 10 000 Euro, bei Filialbanken ab 20 000 Euro. Wer einen richtig günstigen Anbieter findet, kann aber auch schon mit 1000 Euro loslegen.

Aber auch, wer noch kein Geld gespart hat, kann mit monatlichen Raten in das Pantoffel-Portfolio einzahlen. Ob mit 25 Euro oder mit 250 Euro pro Monat: Ein Sparplan lässt sich mit nahezu jeder beliebigen Summe einrichten. Loslegen kann man bereits mit kleinen Beträgen, zum Beispiel mit 25 oder 50 Euro pro Monat. Wenn Sie weniger Geld haben, können Sie auch alle drei Monate sparen. Bei manchen Banken gibt es ETF-Sparpläne sogar schon ab 10 Euro. Es gibt keine feste Laufzeit, doch es empfiehlt sich, einen Sparplan mit Aktien nur abzuschließen, wenn man auf das eingezahlte Geld länger als zehn Jahre verzichten kann. Falls jemand nicht sicher ist, ob er durchhält: Die Sparrate lässt sich jederzeit ändern oder man legt auch einmal ein paar Monate gar nichts beiseite.

So klappt das Rebalancing beim Pantoffel-Portfolio

Durch das Auf und Ab der Märkte kann das Depot aus der Balance geraten. Anlegerinnen und Anleger sollten die gewünschte Gewichtung regelmäßig wieder herstellen.

In manchen Pantoffel-Portfolios könnte es bald soweit sein: Anleger sollten ihr Depot ausbalancieren und die gewünschte Aufteilung zwischen Aktien-ETF und Tagesgeld wieder herstellen. Üblicherweise empfehlen wir, das Depot anzupassen, wenn die Gewichtung eines Bausteins um mehr als 10 Prozentpunkte von der Zielgewichtung abweicht.

Leserinnen und Leser fragen uns häufig, ob auch andere Schwellenwerte möglich sind. Wir haben simuliert, wie die Depotverläufe für ein ausgewogenes Welt-Pantoffel bei unterschiedlichen Schwellenwerten ausgesehen hätten.

Umschichten nach Plan, nicht nach Bauch

Für Anlegerinnen und Anleger, die sich für ein ausgewogenes Welt-Pantoffel-Portfolio entschieden haben, bedeutet die Umschichtung nach der 10-Prozentpunkt-Regel:

Sie schichten vom Aktien-ETF ins Tagesgeld um, wenn der Aktien-ETF mehr als 60 Prozent vom Depotwert ausmacht. Sie schichten vom Tagesgeld in den Aktien-ETF um, wenn der Wert des Aktien-ETF weniger als 40 Prozent vom Depotwert beträgt. Der Depotwert ist dabei der kombinierte Wert aus Aktien-ETF und Tagesgeld.

Die Vorteile dieses Pantoffel-Prinzips: Keine Kopf- und Bauchschmerzen, kein großer Aufwand, keine großen Kosten. Sie brauchen nicht zu grübeln und fieberhaft die Aktienmärkte zu beobachten, Sie müssen auch nicht auf Ihren Bauch hören. Sie müssen nur regelbasiert und regelmäßig Ihre Depotaufteilung überprüfen und noch seltener tatsächlich handeln – das hält den Aufwand und die Handelskosten gering.

Das Risiko halten Sie dabei unter Kontrolle. Durch das Ausbalancieren des Portfolios bleibt das Risiko überschaubar – schließlich kann der Aktienanteil nicht zu groß werden und damit der Depotwert auch nicht zu stark schwanken.

Bei Krisen handeln Sie automatisch antizyklisch, denn es fließt bei gefallenen Kursen mehr Geld in den Aktien-Baustein. Sobald sich die Märkte nach einiger Zeit wieder erholen – was in der Vergangenheit bisher stets der Fall war –, genießen Sie automatisch die Renditevorteile.

Simulation über 30 Jahre

Um die Auswirkungen niedriger oder höher angesetzter Schwellenwerte für die Umschichtung zu zeigen, haben wir die Einmalanlage von 100 000 Euro in ausgewogene Welt-Pantoffel-Portfolios über die vergangenen 30 Jahre simuliert. Wir verwenden dabei die folgenden Schwellenwerte:

→ **0 Prozent:** Das Portfolio wird monatlich auf die 50–50-Aufteilung zurückgesetzt.

→ **5 Prozent:** Das Portfolio wird bei einer Abweichung von 5 Prozentpunkten ausbalanciert. Der Aktienanteil darf also zwischen 45 und 55 Prozent schwanken.

→ **10 Prozent:** Unsere klassische Empfehlung. Der Aktienanteil darf zwischen 40 und 60 Prozent schwanken.

→ **20 Prozent:** Im Portfolio wird eine größere Abweichung von der 50–50-Mischung erlaubt. Der Aktienanteil kann zwischen 30 und 70 Prozent schwanken.

→ **Halten:** Das Portfolio wird nach der Einmalanlage nicht mehr angefasst. Der Aktienanteil kann theoretisch zwischen 0 und 100 Prozent schwanken.

Die Ergebnisse

Die höchste Rendite von 6,5 Prozent pro Jahr über 30 Jahre gab es mit dem „Halten“-Portfolio. Der Grund: Der Aktienanteil wurde im Zeitverlauf sehr groß, das ausgewogene Portfolio wurde zu einem offensiven Portfolio – Der Aktienanteil liegt aktuell bei rund 86 Prozent. Damit profitierte dieses Portfolio von der relativ guten durchschnittlichen Aktienmarktrendite über 30 Jahre. Aber: Das „Halten“-Portfolio, auf Englisch Buy-And-Hold, war auch das riskanteste. Die längste Verlustphase lag bei 13 Jahren, und damit doppelt so hoch wie bei den anderen Portfolios! Auch die schlechteste Ein-Jahresrendite ist mit minus 27 Prozent deutlich höher als bei den anderen Varianten.

Die schlechteste Rendite von 5,5 Prozent p.a. gab es für das 0 %-Schwelle-Portfolio. Die häufigen Umschichtungen verursachen zu hohe Handelskosten, die an der Rendite zehren. Zudem wird bei Erholung der Aktienmärkte dem Aktien-ETF weniger Futter zum Wachsen gegeben.

Unsere klassische 10 %-Schwelle hat sich gut geschlagen. Hier gab es mit 6 Prozent pro Jahr die zweithöchste Rendite. Der Aufwand war mit 8 Umschichtungen innerhalb von 30 Jahren überschaubar, und das Risiko mit der schlechtesten Ein-Jahresrendite von minus 19 Prozent im Rahmen.

Fazit: 10-Prozentpunkte-Regel hat Bestand

Eine Anpassungsschwelle um die 10 Prozentpunkte ist für das ausgewogene Pantoffel-Portfolio empfehlenswert. Sie können davon abweichen, sollten aber bei größeren

Schwellenwerten das Risiko und bei kleineren Schwellenwerten die Handelskosten im Blick haben.

Sie müssen die Portfolioaufteilung dabei nicht täglich oder wöchentlich beobachten. Es reicht, die Aufteilung monatlich oder mehrmals im Jahr zu überprüfen.

Mit unserem Fondsrating zum Erfolg

Es gibt Tausende Fonds und ETF – je nach Anlegertyp passt ein anderer. Wir helfen in unserem Fondsfinder bei der Auswahl.

Aktien? Ja gerne, aber bitte ohne Risiko. Dieser Anlegerwunschtraum wird nie in Erfüllung gehen. Dass Aktieninvestments meist bessere Renditen brachten als andere Anlageformen, darf man auch als verdienten Lohn für das eingegangene Risiko sehen.

Wer sich an die Wertpapierbörsen wagt, muss mit Kursschwankungen und der Möglichkeit von Verlusten leben. Anders geht es nicht. Immerhin können Anlegerinnen und Anleger das Risiko eingrenzen, indem sie nicht nur auf eine Handvoll von Aktien setzen, sondern das Geld auf zahlreiche Unternehmen verteilen. Das geht sehr einfach mit Aktienfonds. Wir untersuchen monatlich fast 23000 Fonds, filtern für verschiedene Zielgruppen die jeweils besten heraus und vergeben ein Fondsrating.

So funktioniert unser Fondsrating

Längst nicht alle Fondsgruppen, die wir mit unserem Test erfassen, eignen sich für ein breites Zielpublikum. Als Basisanlagen stufen wir nur Aktienfonds Welt ein, also Fonds, die global ausgerichtet sind und alle wichtigen Länder und Branchen umfassen.

Ideal sind börsengehandelte Indexfonds, sogenannte ETF (Exchange Traded Funds), die einen globalen Index wie den MSCI World abbilden. Egal, wie hoch die investierte Summe ist – sie verteilt sich auf über 1400 Unternehmen, bei manchen Indizes sind es noch viel mehr. Auf diese Weise können auch Anleger mit wenig Geld am internationalen Aktienmarkt mitmischen.

Wer partout keinen ETF will, kann auf weltweit ausgerichtete Aktienfonds mit aktivem Management ausweichen, sofern diese eine hinreichende Länder- und Branchenstreuung bieten. Wichtig ist auch, dass diese Fonds nicht allzu teuer sind und bisher einen relativ stabilen Anlageerfolg hatten. Für Filialbankkunden identifizieren wir Produkte mit verlässlicher Qualität.

Für Anlegerinnen und Anleger mit hohen Ansprüchen an ethisch-ökologische Richtlinien sind ETF ohnehin nur bedingt geeignet, da die Nachhaltigkeitsindizes mehr Kompromisse eingehen, als vielen lieb ist. Aktienfonds mit Topnoten in der Nachhaltigkeit sind eher unter aktiv gemanagten Fonds zu finden. Hier finden Sie unseren Test zu nachhaltigen Fonds.

Auch fortgeschrittene Anlegerinnen und Anleger, die den breiten Aktienmarkt übertreffen wollen, können sich bei aktiv gemanagten Fonds umschauen. Die sind allerdings keine Selbstläufer. Wer es trotzdem probieren möchte, sollte sich unsere neue Fünf-Punkte-Strategie anschauen.

Mit vier Anlagestrategien zum Erfolg

→ **1.-Wahl-ETF:** Diese Anlagestrategie mit marktbreiten ETF schneidet in den meisten Fondsgruppen auf die Dauer am besten ab. Gerade in der Basisfondsgruppe Aktien Welt erzielen Sie damit ein dauerhaft gutes Chance-Risiko-Verhältnis. Sie eignet sich für Einsteiger genauso wie für Fortgeschrittene und ist superbequem. Sie können die Strategie sowohl mit klassischen als auch mit nachhaltigen ETF umsetzen.

→ **Stabile, aktiv gemanagte Fonds:** Als Kundin oder Kunde einer Filialbank bekommen Sie oft keine ETF angeboten, stattdessen hauseigene aktiv gemanagte Fonds – und davon auch nicht immer die besten. Das muss nicht sein: Unsere Auswahl stabiler aktiv gemanagter Fonds bietet Ihnen einen zumindest akzeptablen Anlageerfolg.

→ **Stabile Fonds mit hoher Nachhaltigkeit:** Mit dieser Strategie setzen Sie auf Fonds, die einen akzeptablen Anlageerfolg mit einer hohen Nachhaltigkeit verknüpfen.

→ **Fünf-Punkte-Fonds:** Mit dieser Anlagestrategie können Sie ein sehr gutes Ergebnis erzielen – allerdings ist die Chance, dass das dauerhaft gelingt, je nach Fondsgruppe höchstens mittelgroß. Sie wählen dazu innerhalb einer Fondsgruppe ETF oder aktive Fonds mit aktuell fünf Punkten – und wechseln diese aus, sobald sie in der Bewertung schlechter werden.

Die Ergebnisse aus unserem Strategietest

Wir haben die eben vorgestellten Strategien in allen wichtigen Fondsgruppen ausführlich getestet.

Über die vergangenen zehn Jahre liegen die 1.-Wahl-ETF mit einer Rendite von durchschnittlich 10,3 Prozent pro Jahr deutlich vor dem Durchschnitt der aktiv gemanagten Fonds. Für bequeme Investoren gibt es nichts Besseres. Da alle 1.-Wahl-ETF ein- und derselben Fondsgruppe ähnlich laufen, reicht einer völlig aus. Und den muss man auch nicht beobachten und wechseln, sondern kann ihn einfach laufen lassen.

Aktiv gemanagte Fonds haben in den vergangenen zehn Jahren im Durchschnitt 7,6 Prozent pro Jahr gebracht. Mit stabilen aktiv gemanagten Fonds liegen Anleger und Anlegerinnen besser als der Durchschnitt aller aktiven Fonds. Allerdings fahren sie schlechter als mit 1.-Wahl-ETF. Wer in stabile Fonds investiert, muss auch nicht häufig wechseln – im Unterschied zur Fünf-Punkte-Strategie.

Mit der neuen Fünf-Punkte-Strategie hätte sich ohne Berücksichtigung von Handelskosten über die vergangenen zehn Jahre eine Rendite von 11,7 Prozent pro Jahr erzielen lassen. Dabei hätte die Chance-Risiko-Zahl mit 114 Prozent deutlich über der von marktbreiten 1.-Wahl-ETF gelegen, die bei 94 Prozent steht.

Fondsbewertung weiter optimiert

Auf Basis der umfangreichen Strategietests haben wir unser Fondsrating optimiert. Wir haben unsere Punkte-Bewertung verschärft – die Bestnote von fünf Punkten für den Anlageerfolg vergeben wir nun noch seltener. Der Fonds muss nicht nur ein sehr gutes Chance-Risiko-Verhältnis im Vergleich zum Referenzindex, sondern auch einen positiven Trend aufweisen. Außerdem muss er sowohl hinsichtlich der Chancen als auch der Risiken besser als der Referenzindex sein. Ergänzt haben wir auch die Kennzeichnung stabiler, aktiv gemanagter Fonds – sie sind selten top, dafür dauerhaft akzeptabel, gerade für Filialbankkunden. Da in Filialen häufig nur hauseigene Fonds angeboten werden, ist die jeweilige Auswahl eingeschränkt. Unter anderem für Kunden der Deutschen Bank, der Sparkassen sowie der Genossenschaftsbanken haben wir entsprechende Suchprofile angelegt.

Für nachhaltige Investorinnen und Investoren, die eine hohe Nachhaltigkeit mit einem stabilen Anlageerfolg verknüpfen wollen, markieren wir die passenden Fonds.

Unverändert bleibt unsere Empfehlung marktbreiter ETF – die mit 1. Wahl gekennzeichneten Indexfonds sind dauerhaft gut.

So funktioniert unser Fondsfinder

Damit Sie die Fondsbewertung und die Anlagestrategien bei der Fondsauswahl gut nutzen können, haben wir im Fondsfinder viele passende Filter eingebaut. Sie finden ihn unter test.de/fonds. Lassen Sie sich „Alle Fonds" anzeigen. Unter Bewertung können Sie alle Fonds mit dem Anlageerfolg „1. Wahl" auswählen. Unter „Weitere Filter" hingegen finden Sie die Auswahlmöglichkeiten für nachhaltige Fonds sowie unter Strategien für Fortgeschrittene die Auswahl für geeignete Fünf-Punkte-Fonds.

Zusätzlich gibt es weitere neue Filter. Sie können gezielt nach Dividendenfonds suchen oder Fonds mit hoher Ausschüttungsrendite herausfiltern. Das finden Sie alles auf der Startseite unserer Fondsdatenbank. Dort gibt es nun außerdem einen Indexselektor, mit dem Sie gezielt nach Indizes suchen können. Und wir haben einen Tranchenselektor erstellt, mit dem Sie überprüfen können, ob es zu Ihrem Fonds eine günstigere Kopie gibt.

Sieben Anlagestrategien, die Sie kennen sollten

Wissenschaftlich fundierte Anlagestrategien versprechen hohe Renditen und lassen sich mit Faktor-ETF einfach umsetzen. Wir ordnen Vor- und Nachteile dieses Ansatzes ein.

Finanzwissenschaftlerinnen und -wissenschaftler haben in ihrer Forschung seit Jahrzehnten Merkmale von Aktien analysiert, die in der Vergangenheit ein überdurchschnittliches Rendite-Risiko-Verhältnis hatten – und bei denen es plausibel ist, dass sie das auch in Zukunft haben werden.

Diese Merkmale werden auch als Faktoren oder Smart Beta bezeichnet. Viele dieser Anlagestrategien können günstig und unkompliziert mit ETF umgesetzt werden.

Sieben etablierte Anlagestile stellen wir auf den folgenden Seiten vor: Value, Growth, Small Caps, Momentum, Low Volatility, Dividenden und Quality.

Grundlegende Regeln

Wenn Sie mit Faktor-ETF eine der vorgestellten Anlagestrategien anwenden möchten, sollten Sie diese grundsätzlichen Verhaltensregeln beachten:

→ **Nicht alles auf eine Karte setzen.** Faktor-ETF sollten nur als Beimischung zu einem weltweit anlegenden ETF-Portfolio genutzt werden.

→ **Einen langen Atem haben.** Anleger sollten nur in Strategien investieren, von denen sie inhaltlich überzeugt sind. Lange Durststrecken gehören dazu. Die müssen sie durchhalten. Eine Garantie auf Überrenditen gibt es nicht.

→ **Bequeme Alternative bedenken.** Die vorgestellten Anlagestrategien sind für fortgeschrittene Anlegerinnen und Anleger geeignet, die sich gerne mit ihrer Geldanlage beschäftigen. Entspannte Sparplan-Fans, die sich möglichst wenig kümmern wollen, brauchen nicht mehr als ein Pantoffel-Portfolio. Wie das funktioniert, lesen Sie ab Seite 82.

→ **Im Fondsfinder suchen.** In unserer Fondsdatenbank unter test.de/fonds können Sie über „Weitere Filter“ und dann „ETF: Stile und Faktoren“ nach passenden Fonds je nach Strategie suchen.

Die Value-Strategie

Als „Value-Aktien“ werden Aktien bezeichnet, deren Kurse im Vergleich zu den Fundamentaldaten des Unternehmens niedrig sind. Bei der Value-Strategie werden Aktien ausgesucht, die „günstig“ oder „unterbewertet“ sein sollen. Man bezeichnet sie auch als „Substanzwerte“. Bei der Analyse von Value-Aktien stehen die Unternehmensdaten im Fokus: Gesucht werden Aktien, deren Aktienkurs im Vergleich zum Unternehmenswert gering ist.

Eine klassische Möglichkeit, diese Aktien zu identifizieren, ist das Kurs-Buchwert-Verhältnis, bei dem der Börsenkurs einer Aktie dem Eigenkapital des Unternehmens pro Aktie gegenübergestellt wird. Manchmal werden auch mehrere Kennzahlen betrachtet.

Wichtig ist aber: Es gibt keinen Automatismus, dass „günstige“ Aktien irgendwann im Wert steigen. Auf den Aktienkurs eines Unternehmens gibt es diverse Einflüsse, die den Kurs sinken oder steigen lassen. Zudem kritisieren Experten, dass die klassische Value-Strategie etwas veraltet ist, da sie den Wert von immateriellen Gütern wie Lizenzen und Patenten nicht berücksichtigt, die aber bei vielen Unternehmen wertvoller sind als die Maschinen.

Value zählt zu den ältesten bekannten Faktoren. Wer die Value-Strategie verfolgt, muss Durststrecken über lange Zeiträume einplanen, in denen die Rendite schlechter ist als der Markt. Das müssen Anleger aushalten können, wenn sie diese Strategie umsetzen wollen. Immaterielle Vermögenswerte werden bei vielen Value-Fonds nicht berücksichtigt.

Die Growth-Strategie

„Growth-Aktien“ werden im Deutschen „Wachstums-Aktien“ genannt. Bei Growth-Aktien setzen Anleger auf deutlich steigende Gewinne in der Zukunft. Ihre Kurse sind im Vergleich zu den Fundamentaldaten des Unternehmens hoch, sie gelten also als teuer. Damit sind Growth-Aktien das Gegenteil von Value-Aktien. Und damit zählen sie auch nicht zu den wissenschaftlich fundierten Faktoren – im Gegenteil: Laut Wissenschaft sind sie eigentlich Underperformer. Letzteres mag man kaum glauben, da sie von Anfang 2007 an sehr lange Outperformer waren. In dem Zeitraum gab es ein paar Rückschläge (Zinssteigerungen mögen Growth-Aktien zum Beispiel nicht), aber insgesamt ist das ein ziemlich langer Zeitraum für eine Strategie, die eigentlich nicht so toll sein soll.

Growth zählt nicht zu den Faktoren – kann aber sehr lange sehr gut laufen. Bei Fondsmanagern ist sie eine beliebte Anlagestrategie. Wir empfehlen Growth aber bestenfalls als Beimischung – wie alle Strategien.

Die Small-Cap-Strategie

Als Small Caps bezeichnet man kleinere Aktiengesellschaften. In verschiedenen Auswertungen wurde gezeigt, dass die kleinen Aktiengesellschaften in der Vergangenheit höhere Renditen abgeworfen haben als große. Eine gängige Erklärung für die höhere Rendite ist, dass kleine Unternehmen nicht so gut handelbar sind. Zudem haben Small Caps ein höheres Risiko als „große“ Unternehmen: mit der höheren Chance erkaufen Sie sich gleichzeitig oftmals eine höhere Schwankungsanfälligkeit.

Allerdings: Der in den wissenschaftlichen Untersuchungen gemessene „Small Cap“-Effekt ist wohl vor allem ein „Micro-Cap“-Effekt, der also bei den allerkleinsten, schlecht handelbaren Aktien festgestellt wird. Micro Caps sind aber über Fonds nicht sinnvoll investierbar und es gibt keine ETF darauf.

Auch wenn die Renditen der „Small Caps“ nicht in jeder Phase überzeugen, eignet sich eine Beimischung. Im MSCI World-ETF sind nämlich keine „kleinen“ Unternehmen vertreten, so dass Anleger ihr Portfolio damit breiter aufstellen können. Eine Beimischung bis 15 Prozent ist sinnvoll.

Die Momentum-Strategie

Die Momentum-Strategie setzt auf die Aktien, deren Kurse in letzter Zeit am stärksten gestiegen sind. Damit ist die Momentum-Strategie keine besonders ausgetüftelte Strategie – aber in der Vergangenheit funktionierte sie erstaunlich gut. Eine Erklärung für das Funktionieren der Strategie könnte sein, dass auch viele professionelle Anleger einfach die Aktien kaufen, die in der jüngeren Vergangenheit gut liefen und den Aktien damit weiteren Auftrieb verleihen.

Momentum ist mit Blick auf Ergebnisse der Vergangenheit eine beeindruckende Strategie. Sie erzielte sehr oft bei ähnlichem Risiko mehr Ertrag als der breite Markt. Da aber unklar ist, ob das auch in Zukunft so bleibt, sollten Anleger nicht nur auf diese Strategie setzen. Als Beimischung können Anleger entsprechende ETF aber nutzen.

Die Low-Volatility-Strategie

In der klassischen Variante werden für die Low-Volatility-Strategie Aktien mit besonders niedriger Volatilität ausgewählt. Die Volatilität misst die Schwankungen eines Aktienkurses. In der statistisch etwas anspruchsvolleren Variante wird ein Korb aus Aktien gebildet, der in seiner Gesamtheit eine möglichst niedrige Volatilität hat. Die Welt-ETF auf dem deutschen Markt werden nach dieser Korb-Variante gebildet. Auch wenn die Strategie es tatsächlich schafft, weniger schwankungsanfällig zu sein, kann die Rendite besonders in Erholungsphasen deutlich hinter dem breiten Markt herhinken.

Die Verminderung des Risikos bei dieser Strategie hat den Preis, dass auch die Performance phasenweise deutlich reduziert ist. Auch über längere Zeiträume kann das Rendite-Risiko-Verhältnis dann schlechter als beim MSCI World sein. Defensive Anleger können die Strategie beimischen.

Die Dividenden-Strategie

Bei der Dividenden-Strategie werden Aktien ausgewählt, die eine hohe Dividenden-Rendite versprechen. Oft zieht man dazu weitere Bedingungen heran, zum Beispiel, dass diese Dividenden stetig gestiegen sein müssen. Oder dass die Dividendenrendite im Verhältnis zum Aktienkurs nicht deswegen hoch sein darf, weil der Aktienkurs vor Kurzem stark gesunken ist.

Dividenden-Strategien sind ein Liebling des Fonds-Marketings, da sie sichere, regelmäßige Ausschüttungen versprechen. Es gibt aber keinen objektiven Grund, sich als Anleger nur auf diese Art der Rendite zu konzentrieren. Ob Dividenden-Strategien tatsächlich langfristig besser als der Markt laufen, ist unsicher. Wir betrachten sie nicht als überlegene Strategie. Anleger, die von der Strategie überzeugt sind, können sie aber zu ihrem Welt-ETF beimischen.

Die Quality-Strategie

Bei der Quality-Strategie geht es um die betriebswirtschaftliche Qualität der Aktien. Dazu werden unterschiedliche Unternehmenskennzahlen betrachtet. Beim MSCI World Quality Index sind das zum Beispiel: Eigenkapitalrendite, stabiles Gewinnwachstum und der Verschuldungsgrad. Unternehmen, die bei diesen Merkmalen positiv abschneiden, werden in einen Quality-Index aufgenommen.

Aufgrund des jungen Alters der Strategie und der abgebildeten Indizes sollten Anleger auch hier nicht alles auf eine Karte setzen. Sie sollten Quality-Strategien nur beimischen. Die Auswahlkriterien der Aktien für die Quality-Indizes sind nicht einheitlich geregelt. Es gibt verschiedene Ansätze unter diesem Namen.

Strenge Namensregeln für grüne Fonds

Grüne Fonds dürfen sich seit Mai 2025 nur noch so nennen, wenn sie bestimmte Regeln einhalten. Sonst müssen sie die Strategie anpassen oder den Namen ändern. Unser Check zeigt, was das bringt.

Seit es grüne Geldanlage gibt, existieren die Zweifel darüber, ob die Anbieter halten, was sie versprechen. Oft ist schnell von Greenwashing die Rede, von Grünfärberei. Nun ist meist weniger das Problem, dass die Anbieter ihre Kriterien – und seien sie noch so lax – nicht offenlegen würden. Das tun sie in der Regel. Vielmehr krankt das Vertrauen daran, dass nachhaltige Fonds häufig die Erwartungen der Anlegerinnen und Anleger nicht erfüllen. Viele an Nachhaltigkeit interessierte Investoren würden beispielsweise fossile Energien nicht in grünen Fonds vermuten – weniger strenge Fonds kaufen aber durchaus Aktien von Ölkonzernen.

Mehr Klarheit bei der EU, aber keine Qualitätseinstufung

Die EU will für mehr Klarheit sorgen und hat der Branche neue Namensregeln verordnet. Zur Begründung heißt es: „Obwohl die Anleger über den Namen hinausschauen und die einem Fonds zugrunde liegenden Angaben genau prüfen sollten, kann der Fondsname einen erheblichen Einfluss auf ihre Anlageentscheidungen haben." Wir haben die Namensänderungen einem Schnellcheck unterzogen und festgestellt: Auch mit den neuen Namen gibt es noch Qualitätsunterschiede.

Die neuen Namensrichtlinien

Fonds, die nachhaltig anlegen und das im Fondsnamen zum Ausdruck bringen wollen, müssen mindestens 80 Prozent des Fondsvermögens entsprechend investieren. Das verlangt die Leitlinie der ESMA, der europäischen Wertpapieraufsichtsbehörde. Sie gilt seit dem 21. Mai 2025 für alle nachhaltigen Fonds. Von der Regelung betroffen sind Begriffe wie Klima, grün, Umwelt, ökologisch, Transformation, sozial sowie die Abkürzungen ESG (Environmental, Social, Governance) und SRI (Socially Responsible Investing).

Verbindliche Ausschlüsse

Ein Fonds, der in seinem Namen den Begriff Umwelt verwendet, darf unter anderem nicht in Unternehmen investieren, die 1 Prozent oder mehr ihrer Einnahmen mit der Förderung von Kohle beziehungsweise 10 Prozent oder mehr ihrer Einnahmen mit der Förderung von Öl erzielen. In Transitionsfonds hingegen sind fossile Energieträger erlaubt. Transitionsfonds kaufen auch Aktien von Unternehmen, die auf dem Weg zu mehr Nachhaltigkeit sind.

Für alle Nachhaltigkeitsfonds gilt, dass sie kontroverse Waffen und Tabak ausschließen müssen und nicht in Firmen investieren dürfen, die gegen die Leitlinien der UN (UN Global Compact) verstoßen. Diese umfassen schwere Vergehen wie Arbeits- und Menschenrechtsverletzungen.

Anbieter von Fonds und ETF, welche die Vorgaben nicht erfüllt haben, hatten zwei Möglichkeiten: Sie konnten ihre Strategie ändern oder sie konnten dem Fonds einen neuen Namen verpassen.

Umbenennungen bei nachhaltigen ETF

Nach einer Analyse der ESMA hat die Zahl der Fonds mit nachhaltigen Bezeichnungen im Namen zwischen Mitte 2019 und Mitte 2021 stark zugenommen, ab Mitte 2022 haben die ersten Fonds das dann wieder rückgängig gemacht. Unser Fondsfinder listet derzeit knapp 16 000 Fonds und ETF mit dem Zusatz „berücksichtigt Nachhaltigkeitskriterien". Von Anfang 2024 bis einschließlich 30. April 2025 haben wir Umbenennungen bei 3 826 Fonds registriert.

Namensänderungen kommen auch bei herkömmlichen Fonds vor, das ist gewissermaßen Alltagsgeschäft. Die meisten Änderungen kamen allerdings von nachhaltigen Fonds, insbesondere von aktiv gemanagten. Prozentual gesehen betrafen die meisten Änderungen allerdings nachhaltige ETF. Zum Stichtag 30. April zum Beispiel haben sich unseren Erhebungen zufolge 15 Prozent der nachhaltigen ETF umbenannt, aber nur 3 Prozent der aktiven Nachhaltigkeitsfonds.

MSCI hat Indizes angepasst

Einer der Gründe, warum zahlreiche ETF von den Namensänderungen betroffen sind: Der Indexanbieter MSCI hat aus einigen seiner Indexreihen das Kürzel „ESG" entfernt:

→ **aus MSCI ESG Leaders** wurde MSCI Selection

→ **aus MSCI ESG Screened** wurde MSCI Screened

→ **aus MSCI ESG Universal** wurde MSCI Universal

→ **aus MSCI ESG Focus** wurde MSCI Focus

→ **aus MSCI Sustainable Impact** wurde MSCI Sustainable Development

Wenn aus Nachhaltigkeit ESG wird

Fonds, die ihre Namen geändert haben, werden auch in Ihrem Depot mit neuer Bezeichnung angezeigt, sollten Sie Anteile davon besitzen. Auch in unserer Fondsdatenbank wurden die neuen Fondsnamen übernommen.

Einer dieser ETF ist der – vielen Anlegerinnen und Anlegern bestens bekannte – iShares Global Clean Energy. Er heißt künftig iShares Global Clean Energy Transition. Auf diese Weise wird klar, dass der Fonds nicht ausschließlich in reine Solar- und Windfirmen investiert.

Bei der Deka ändern sich etwa einige Fonds von „Nachhaltigkeit" in „ESG". Beispielsweise der Deka Nachhaltigkeit Global Champions, der künftig Deka ESG Global Champions heißt. Oder der Deka Nachhaltigkeit Renten, künftig Deka ESG Renten.

Die Mischfonds db Privatmandat Comfort Einkommen, db Privatmandat Comfort Balance und db Privatmandat Comfort Wachstum hatten seit Februar 2021 und noch bis Ende April 2025 je ein „ESG" im Namen. Das entfällt inzwischen.

Fazit: Mehr Orientierung, kein Qualitätsurteil

Die neuen Namensregeln helfen Anlegerinnen und Anlegern, sich besser im Angebotsdschungel orientieren zu können. Dennoch kann sich die Nachhaltigkeitsqualität der nunmehr noch als nachhaltig bezeichneten Fonds und ETF mitunter deutlich unterscheiden. Auch wenn der Name Nachhaltigkeit verspricht, kann der Fonds wenig streng sein.

Ein Beispiel: Die beiden ETF Amundi Dax 50 ESG II und iShares Dax ESG haben ihre Namen bisher behalten. In unserer Bewertung kommen sie aber nur auf zwei Nachhaltigkeitspunkte. Der Grund ist, dass sie Investitionen in den fossilen Sektor nicht komplett ausschließen.

Dass ein Fonds sich umbenannt hat, kann – aber muss nichts mit den neuen Namensleitlinien zu tun haben. Es heißt auch nicht, dass der Fonds zuvor Greenwashing betrieben hat.

Bevor Sie sich für einen bestimmten Fonds entscheiden, sollten Sie die Bewertung der Nachhaltigkeit prüfen. Sie finden die Information – sowie die aktuelle Bewertung des Anlageerfolgs – in unserem Fondsfinder unter test.de/fonds. Unter „Weitere Filter" können Sie aus unseren Nachhaltigkeitskriterien auswählen.

Mit ETF nach Wirtschaftskraft investieren

Der MSCI World spiegelt nicht die Wirtschaftskraft der Länder wider. Mit einem Depot, das nach Bruttoinlandsprodukt (BIP) gewichtet, können Sie das ändern.

Der MSCI World steht wegen seines hohen Anteils an US-Firmen immer wieder in der Kritik. Es ist das Ergebnis der amerikanischen Börsenstärke. Unter den 50 größten Titeln im MSCI World finden sich aktuell rund 40 US-Aktien. Der größte Nicht-US-Wert war im August 2025 SAP aus Deutschland – auf Platz 25.

USA mit Abstand größtes Land

Der MSCI World ist wie die meisten Indizes ein nach Marktkapitalisierung gewichteter Index – damit ist der Börsenwert der Unternehmen gemeint. Er spiegelt demzufolge auch auf Länderebene nicht die Wirtschaftskraft wider. Deutschland zum Beispiel, die hinter den USA und China drittgrößte Volkswirtschaft der Welt, ist im Index nur mit einem Anteil von rund 2,3 Prozent vertreten. Das liegt unter anderem am großen, nicht börsennotierten Mittelstand hierzulande.

Das Schwellenland China ist im MSCI World nicht berücksichtigt, weil der nur Industrieländer aufnimmt. Im MSCI All Country World Index (ACWI), der Industrie- und Schwellenländer enthält, beträgt der Anteil des asiatischen Riesenreichs mickrige 2,7 Prozent. Manche Anlegerinnen und Anleger würden ihr Depot lieber so aufstellen, dass die Wirtschaftskraft berücksichtigt ist. Wir zeigen, wie sie das umsetzen können.

Wirtschaftskraft als Maßstab

Als Maß für die Wirtschaftskraft wählen wir das Bruttoinlandsprodukt, kurz BIP. Auch hier kann man ein Portfolio nur mit Industrieländern oder zusätzlich mit Schwellenländern wählen. Wir erläutern beide Möglichkeiten und beziehen uns immer auf Industrie- und Schwellenländer, wie MSCI sie definiert. Südkorea zum Beispiel gilt für MSCI noch als Schwellenmarkt, andere Anbieter zählen das Land zu den entwickelten Märkten.

Wir stellen drei BIP-gewichtete Portfolios vor: zwei ohne, eines mit Schwellenländern.

Regeln besser als Bauchgefühl

Wer verschiedene ETF mischt, sollte immer einen klaren Plan haben, welche Zielgewichtung er wünscht und welche Abweichungen er zulassen will. Anpassungen sollten nach festen Regeln erfolgen. Anlegerinnen und Anleger sollten vermeiden, dass ein Baustein zu viel Gewicht bekommt, weil er so gut läuft und man ihn nicht zurechtstutzen möchte.

Denn wer anfängt, seine Bausteine und deren Gewichte aus dem Bauch heraus zu beurteilen, macht womöglich Fehler bei der Portfoliosteuerung, die Rendite kosten können.

Industrieländer nach Wirtschaftskraft gewichtet

Die USA als größte Volkswirtschaft der Welt bleibt auch in einem BIP-gewichteten Portfolio die Nummer 1. Allerdings verringert sich das Gewicht amerikanischer Aktien von mehr als 70 Prozent auf weniger als 50 Prozent. Nach den BIP-Daten der Weltbank für 2023 beträgt der US-Anteil an der Weltwirtschaft (nur Industrieländer) 47,8 Prozent. Bei nahezu allen anderen Ländern mit Ausnahme der Schweiz ist der Anteil am MSCI World Index kleiner, als es der Wirtschaftsleistung entspräche. Besonders augenfällig ist der Unterschied bei Deutschland, das gemessen am BIP einen Anteil von 7,8 Prozent hat – im Index dagegen nur bei 2,3 Prozent liegt.

Die einfache Lösung: Zwei Bausteine

Ein BIP-gewichtetes Depot ließe sich mit ETF auf die Regionen Nordamerika, Europa und Pazifik abbilden. Wenn Sie sich so ein Depot bereits aufgebaut haben, können Sie es beibehalten. Mittlerweile – dank neuer ETF – geht es einfacher. Man benötigt nur noch je einen ETF auf die folgenden Indizes:

→ **50 Prozent** MSCI USA

→ **50 Prozent** MSCI World ex USA

Die USA sind in dem Portfolio mit der Hälfte gewichtet, was in etwa ihrem Anteil an der Weltwirtschaft entspricht. Deutschland hat hier statt 2,3 Prozent wie im MSCI World ein Gewicht von rund 4,4 Prozent.

ETF auf den MSCI USA finden Sie in unserem Fondsfinder unter test.de/fonds. Bei „Fondsgruppen", anschließend „Wichtige Fondsgruppen", wählen Sie „Aktien USA/Nordamerika". Für ETF auf den MSCI World ex USA suchen Sie bei „Fondsgruppen", „Aktien Länder und Regionen" und wählen dort die Gruppe „Aktien Welt ex USA".

Die komplexere Lösung: Drei Bausteine

Mit der einfachen Lösung sind die meisten Länder von der Gewichtung her im Portfolio ähnlich stark vertreten wie in der Wirtschaftswelt, gemessen am BIP – wobei Deutschland hier die größten Abweichungen zwischen Gewichtung im MSCI World Index und nach Wirtschaftskraft aufweist. Wer weiter gehen möchte als beim einfachen Portfolio, kann auch das Gewicht Deutschlands anpassen. Dazu schlagen wir folgende Aufteilung vor:

→ **47,5 Prozent** MSCI USA

→ **47,5 Prozent** MSCI World ex USA

→ **5 Prozent** Dax

Der Anteil der USA passt so sogar noch besser als im einfachen Modell. Deutschland ist im komplexeren BIP-Portfolio nun mit 9,1 Prozent gewichtet – etwas mehr, als es dem Anteil an der Weltwirtschaft (Industrieländer) entspricht – aber Beimischungen unter 5 Prozent ergeben keinen Sinn.

ETF auf den Dax finden Sie ebenfalls in unserem Fondsfinder unter test.de/fonds bei den Aktienfonds Deutschland. ETF auf den MSCI Germany gibt es nicht.

Die ganze Welt nach Wirtschaftskraft gewichtet

Viele Anlegerinnen und Anleger möchten nicht nur in Industrie-, sondern auch in Schwellenländer (englisch Emerging Markets) investieren. Auch für diesen Wunsch lässt sich ein BIP-gewichtetes Portfolio bauen, in dem die USA schwächer und die zweitgrößte Volkswirtschaft der Welt, China, stärker vertreten ist. Tatsächlich beträgt der Anteil Chinas an der Weltwirtschaft knapp 19 Prozent. Im MSCI ACWI (All Country World Index), der 23 Industrie- und 24 Schwellenländer listet, machen chinesische Aktien nur 3,2 Prozent aus. Der Schwellenländeranteil insgesamt beträgt rund 10 Prozent.

Gemessen an der Wirtschaftskraft machen alle Schwellenländer zusammen knapp 40 Prozent an der Weltwirtschaftsleistung aus, China davon die Hälfte.

Welt-Portfolio mit vier Bausteinen

Das BIP-gewichtete Portfolio für die ganze Welt inklusive Schwellenländer enthält vier Bausteine – einfacher geht es leider nicht. Unser Vorschlag lautet:

→ **35 Prozent** USA

→ **35 Prozent** MSCI World ex USA

→ **15 Prozent** China

→ **15 Prozent** MSCI Emerging Markets ex China

In unserem Schwellenländer-BIP-Portfolio liegt der Anteil der Schwellenländer inklusive China bei 30 Prozent. Ein höheren Anteil empfehlen wir aus Risikogesichtspunkten nicht. Diese 30 Prozent teilen sich auf in 15 Prozent China und 15 Prozent Schwellenländer ohne China.

Schwellenländer mit Risiko

Schwellenländer weisen höhere politische Risiken auf. Das hat sich bei russischen Aktien gezeigt, die nach den Sanktionen quasi wertlos wurden, und es hat sich in China gezeigt, wo Staatseingriffe die Börsenkurse großer Aktiengesellschaften oder gar ganzer Branchen nach unten gerissen haben. Schwellenländer sind also eine sinnvolle Beimischung, aber sie kommen mit Risiken einher, die man aus Industrieländern nicht kennt.

Fazit: Alternative zum MSCI World

Ein Portfolio mit gutem Rendite-Risiko-Profil muss breit gestreut sein, darf nur wenig kosten, und man sollte aktive Portfolioentscheidungen vermeiden – sprich: nicht alle Nase lang die Strategie ändern. Das ist meistens mit mehr Aufwand verbunden und garantiert natürlich keine bessere Performance – muss aber auch nicht schlechter sein.

BIP-gewichtete Depots eignen sich für Anlegerinnen und Anleger, die vom MSCI World abweichen und ihr Depot nach Wirtschaftskraft zusammenstellen wollen. Trotzdem sei noch einmal festgehalten, dass sich objektiv nicht feststellen lässt, im MSCI World seien die USA oder IT zu hoch gewichtet. In den vergangenen Jahren hat der MSCI World besser als alternative Depots abgeschnitten. Das kann nach der aktuellen Schwächephase auch weiterhin der Fall sein. Wer es bequemer mag, kann daher bei der einfachsten Lösung bleiben.

Aktive ETF – was sie versprechen, was sie bringen

ETF sind bekannt als Fonds, die einfach einen Index nachbilden. Zurzeit kommen zahlreiche aktive ETF auf den Markt. Wir zeigen, was Anleger von dem Trend erwarten können.

Das Erfolgsrezept von ETF ist einfach: Sie bilden einen Index ab und schneiden damit zwar nicht besser, aber auch nicht schlechter ab als der Marktdurchschnitt – anders als viele aktiv gemanagte Fonds, die in der Vergangenheit enttäuscht haben.

Aktive ETF hingegen bilden keinen Index ab, sondern wählen die Aktien nach anderen Mustern aus. Die Grenzen zum passiven Management sind fließend. Einige aktive ETF folgen zwar keinem Index, aber einer streng regelbasierten Strategie. Andere beziehen sich auf einen Index, machen aber ein paar Kleinigkeiten anders als dieser. Wieder andere sind wirklich aktiv und betreiben Stock Picking, das heißt, sie wählen die Titel einzeln aus. Wir haben uns das Angebot genauer angeschaut.

Verschiedene Ansätze zur Titelauswahl

Einen indexnahen aktiven ETF bietet zum Beispiel Blackrock mit dem iShares World Equity Enhanced Active ETF. Nach Angaben des Anbieters dient der MSCI World Index als Bezugsgröße für die Rendite. Er bildet den Index aber nicht nach, sondern verwendet quantitative Modelle, um die Aktien auszusuchen. Auswahlkriterien sind unter anderem die Fundamentaldaten der Unternehmen sowie die Marktstimmung. Die Top 3-Werte im Fonds waren im Juli 2025 Apple, Microsoft und Nvidia – die drei stehen ebenfalls an der Spitze des MSCI World.

Auch die ETF-Reihe „Enhanced Index" von JPM verfolgt einen aktiven Ansatz. Die beiden Fondsmanager des JPM Global Research Enhanced Index Equity Active ETF etwa wählen die Titel nach dem sogenannten Bottom-up-Ansatz aus. Dabei werden zunächst die Einzeltitel und dann erst Branchen und Gesamtmarkt betrachtet. Vielversprechende Wertpapiere würden übergewichtet, heißt es im Factsheet von JPM. Die größten drei Titel sind – ähnlich wie bei iShares, nur in einer anderen Reihenfolge – Microsoft, Nvidia und Apple. Der Fonds hat in unserer Bewertung des Anlageerfolgs vier von fünf Punkten und weist eine Marktnähe von 99 Prozent auf. Die Strategie des ETF ist also sehr indexnah.

Wenn Nachhaltigkeit eine Rolle spielt

Der Fonds BNP Paribas Easy ESG Enhanced World (vormals BNP Sustainable World) ist ein aktiver ETF, der in Aktien aus dem MSCI World investiert – allerdings nicht in alle, sondern nur in die, die zur Nachhaltigkeitsstrategie des Hauses passen. Anders als viele andere nachhaltige ETF bildet der Fonds keinen Nachhaltigkeitsindex nach, sondern wählt die nachhaltigen Titel eigenständig aus. Der Fonds ist erst seit September 2024 auf dem Markt und daher von uns noch nicht bewertet.

Aktives Stock Picking

Ein Beispiel für einen aktiven und individuell gemanagten Fonds ist der ARK Innovation ETF, der von der bekannten amerikanischen Ökonomin Cathie Wood gemanagt wird. Er setzt auf Aktiengesellschaften, die „disruptive Innovationen" verheißen, also auf Grundlage neuer Technologien bestehende Märkte aufmischen. Der ETF investiert zum Beispiel in Biotechnologiewerte und in Aktien, die dem Trend Künstliche Intelligenz zuzuordnen sind.

Misch-ETF auch aktiv verwaltet

Eine weitere Spielart aktiver ETF sind Mischfonds-ETF (siehe dazu S. 118). Sie mischen Aktien- und Anleihen-ETF, manchmal auch Rohstoff-ETF und Gold-ETC. Ähnlich wie unser Pantoffel-Portfolio funktionieren die Misch-ETF von Vanguard, der Vanguard LifeStrategy 40 Prozent Equity zum Beispiel zählt zu den ausgewogenen Konzepten. Die Anlagen fürs Xtrackers Portfolio wiederum werden von einem vierköpfigen Strategiekomitee ausgewählt. Portraits zu Misch-ETF finden Sie im folgenden Kapitel ab S. 120.

Aktive ETF im Vergleich mit aktiv gemanagten Fonds

Sind die aktiven ETF nun besser? Im Vergleich zu normalen aktiv gemanagten Fonds haben sie jedenfalls einen großen Vorteil: Sie kosten weniger.

Ein Grund, warum aktiv gemanagte Fonds so oft hinter dem Markt zurückbleiben, sind ihre hohen Kosten. Bevor der Manager mit seinem Fonds den Markt schlagen kann, muss er zunächst Gebühren von 1 bis 2 Prozent pro Jahr hereinholen. Erst dann kann er Gewinn machen. Das ist schwieriger, als Laien vermuten würden.

Aktive ETF kosten typischerweise zwischen 0,25 und 0,75 Prozent pro Jahr. Sie sind – nach Kosten – daher schneller im Plus als herkömmliche gemanagte Fonds. Ob sie aber besser abschneiden, ist eine andere Frage. Es kommt darauf an, wie erfolgreich ihre Anlagestrategie ist.

Aktive ETF im Vergleich mit Index-ETF

Die Anbieter aktiver ETF werben damit, besser abzuschneiden als ein ETF, der nur einen Index abbildet. Von Mehrrendite ist ebenso die Rede wie von Anlageerfahrung und regelbasierten Investmentprozessen. Was aktive ETF am Ende aber genau machen, um zu versuchen eine Überrendite zu erzielen, bleibt oft unklar. Bezüglich der Transparenz der Anlagestrategie sind Anlegerinnen und Anleger auch nicht schlauer als bei herkömmlichen Fonds.

Für eine Bilanz ist es zu früh

Von den 14 aktiven ETF in der Gruppe Aktien Welt sind nur drei älter als fünf Jahre und von uns bewertet. Alle drei haben derzeit vier von fünf Punkten. Einer davon, der Invesco Global Active ESG Equity, liegt über fünf Jahre mit 1,5 Prozentpunkten pro Jahr vor dem MSCI World Index – dem Referenzindex in dieser Fondsgruppe.

Der JPM Global Research Enhanced Index Equity Active ETF liegt mit dem Index in etwa gleichauf, der HSBC Multi Factor Worldwide Equity liegt mit 1 Prozentpunkt pro Jahr dahinter. Aber: Über ein Jahr gemessen liegen alle drei mehr als 1 Prozentpunkt hinter dem Weltindex. Die übrigen elf aktiven Welt-ETF sind noch zu jung für eine Bewertung.

Fazit: Aktive ETF lohnen sich nicht

Es lässt sich also noch nicht viel Konkretes über diese ETF sagen. Es sind zu wenige und sie existieren zu kurz. Die bisherigen Erfahrungen mit dem Abschneiden gemanagter Fonds sind jedenfalls nicht sehr ermutigend. Die Mehrzahl der aktiv gemanagten Fonds schneidet schlechter ab als der Vergleichsindex – oder der ETF, der diesen Index abbildet.

Auch verschiedene Forschungsarbeiten zeigen in die Richtung, dass aktives Management kaum Mehrwert bietet, selbst wenn die Kosten niedrig sind.

Aktive ETF in unserem Fondsfinder

Sie finden aktive ETF in unserer großen Fondsdatenbank unter test.de/fonds, indem Sie auf der Startseite auf „alle Fonds“ klicken und auf der nächsten Seite bei „Fondsart“ den Punkt „ETF (kein Indexfonds)“ auswählen.

Mischfonds-ETF: Die ganze Geldanlage in einem ETF

Anlegen für Bequeme – das bieten Fonds mit einem Aktien-Anleihen-Mix. Sie gibts auch als ETF: Mischfonds-ETF sind günstiger als aktiv gemanagte Fonds.

Streuen ist die Grundregel der Geldanlage. Anlegerinnen und Anleger sollten in der Regel weder nur auf Aktien setzen, da riskant, noch ausschließlich auf Zinspapiere. Die sind zwar sicher, gehen aber auf Kosten der Rendite. Meist passt ein Mix, wie die Stiftung Warentest ihn auch in ihrem Pantoffel-Portfolio empfiehlt.

Banken verkaufen dafür gerne aktiv gemanagte Mischfonds, doch die lassen sie sich teuer bezahlen. Die Stiftung Warentest betrachtet die günstigeren Mischfonds-ETF daher als sinnvolle Alternative.

In diesem Kapitel stellen wir verschiedene Misch-ETF-Konzepte vor. Lesen Sie in vier Porträts, welche Schwerpunkte die Mischfonds-ETF setzen, welche Besonderheiten sie haben und ob wir sie für Sie empfehlen, wenn Sie sich möglichst wenig um Ihre Geldanlage kümmern wollen. Die Mischfonds-ETF sind: Von Amundi das „Amundi Multi-Asset Portfolio“, von Blackrock das „iShares Portfolio“, von Vanguard die „Vanguard Life Strategy“ und von DWS das „Xtrackers Portfolio“.

Geeignet sind Mischfonds-ETF für Anlegerinnen und Anleger, die sich zwar gerne mit der Auswahl der passenden Geldanlage beschäftigen, aber später nichts mehr damit zu tun haben, sondern ihr Depot sich selbst überlassen wollen.

Misch-ETF versus Pantoffel-Portfolio

Anders als bei der von uns empfohlenen Anlagestrategie, dem Pantoffel-Portfolio, müssen sich Anleger und Anlegerinnen bei Misch-ETF nach dem Kauf um nichts mehr kümmern. Einmal ausgewählt, verbleibt der ETF im Depot.

Auch die Anlage mit dem Pantoffel-Portfolio ist bequem – allerdings kann es im Laufe der Zeit passieren, dass die ursprünglich gewählte Portfoliomischung (defensiv, ausgewogen, offensiv) nicht mehr stimmt. Dann gilt es nachzujustieren. Was zwar nicht schwer, manchem aber womöglich doch zu viel ist.

Wie Multi-Asset-ETF funktionieren

Mischfonds-ETF, auch Multi-Asset-ETF genannt, bilden keinen Index ab, sondern mischen Aktien- und Anleihen- und manchmal auch Rohstoff-ETF und Gold-ETC. Amundi und Vanguard geben feste Aktienquoten vor. Bei Xtrackers liegt der Aktienanteil zwischen 30 und 70 Prozent, iShares verfolgt bestimmte Risikoziele (siehe Porträts unten).

Anders als das Pantoffel-Portfolio, in dessen Basis-Variante nur zwei ETF stecken, investieren die Misch-ETF aus einer Vielzahl von Einzel-ETF. Das liegt daran, dass der Gesetzgeber eine bestimmte Mindestanzahl verschiedener Titel in einem Fonds-Portfolio vorschreibt. Doch unterm Strich ist das Risiko in einem Misch-ETF ähnlich breit gestreut wie in einem vergleichbaren Pantoffel-Portfolio.

Vom Aufbau und der Struktur ähneln unserem Pantoffel-Portfolio am ehesten die Vanguard-ETF. Sie folgen festen Quotenregeln für Aktien und Anleihen und sie bestücken die einzelnen Bausteine ähnlich. Nur der Sicherheitsbaustein unterscheidet sich, weil deutlich mehr Anleihen aus dem Nicht-Euroraum zum Einsatz kommen.

Welche Renditen bringen Misch-ETF?

Im Jahr 2024 hat der offensive ETF Vanguard Life Strategy 80 Prozent Equities 17,6 Prozent gebracht. Das vergleichbare iShares Growth Portfolio kommt auf 16,2 Prozent. Die ausgewogenen Konzepte liegen etwas dahinter: Das Xtrackers Portfolio brachte 12,3 Prozent, der ETF Vanguard Life Strategy 40 Prozent Equities 11,4 Prozent und das iShares Moderate Portfolio 11 Prozent. Zum Vergleich: Das offensive Pantoffel-Portfolio hat im Jahr 2024 17,8 Prozent erzielt, das ausgewogene Portfolio 13,8 Prozent. Die Zahlen für das Jahr 2024 stellen aber nur eine Momentaufnahme dar.

Bewertung des Anlageerfolgs von Mischfonds-ETF

Der älteste Mischfonds-ETF ist der Xtrackers Portfolio ETF. Der Fonds wurde schon 2008 aufgelegt. Die Income-Variante ist seit 2011 auf dem Markt. Unsere Bewertung beider Fonds liegt bei 4 von 5 möglichen Punkten.

Auch die drei Mischfonds-ETF von Amundi haben wir bewertet. Das Amundi Multi-Asset Portfolio, seit 2016 auf dem Markt, hat zwei Punkte. Das Amundi Multi-Asset Portfolio Defensive und das Amundi Multi-Asset Portfolio Offensive, 2018 aufgelegt, haben je drei Punkte.

Die Mischfonds-ETF von iShares und Vanguard kamen 2020 auf den Markt und sind noch zu jung für eine Punktevergabe. Damit wir den Anlageerfolg bewerten können, müssen die Fonds mindestens fünf Jahre alt sein.

Multi-Asset-ETF günstiger als gemanagte Mischfonds

Misch- oder Multi-Asset-ETF sind ein Nischenprodukt. Der größte Mischfonds-ETF ist der Xtrackers Portfolio ETF mit knapp 580 Millionen Euro Fondsvermögen, der zweitgrößte der Vanguard Life Strategy 80 Prozent Equity mit fast 510 Millionen Euro. Die meisten Misch-ETF verwalten zweistellige Millionenbeträge, das kleinste ist das iShares Conservative Portfolio mit 14 Millionen Euro. Dagegen nehmen sich die rund 350 Milliarden Euro, die nach Angaben des Fondsverbands BVI in Mischfonds liegen, gigantisch aus. Das meiste davon liegt in gemanagten Mischfonds, die von Banken gerne verkauft werden. Sie verdienen am Ausgabeaufschlag und den hohen jährlichen Verwaltungsgebühren, die in vielen Fällen um die 2 Prozent betragen, in der Spitze sogar deutlich mehr. Mischfonds-ETF sind vergleichsweise günstig. Am teuersten ist der Xtrackers Portfolio ETF mit 0,71 Prozent pro Jahr, am günstigsten sind die ETF von Vanguard mit 0,25 Prozent pro Jahr.

Amundi: Ziemlich viel Deutschland

Das Amundi Multi-Asset Portfolio gibt es in den drei Ausprägungen Defensive, Offensive und eine mittlere Variante ohne weiteren Namenszusatz. Die Portfolio-Mischungen sind festgelegt: Die defensive Variante enthält

40 Prozent Aktien, die mittlere 60 Prozent und die offensive 80 Prozent Aktien. Die drei ETF schütten ihre Erträge aus, thesaurierende Anteilsklassen gibt es nicht. Alle drei Portfolios gewichten im Vergleich zum MSCI World den Anteil deutscher Aktien deutlich höher. Das gilt auch für den Rest Europas. Im defensiven Portfolio liegt ein Gold-ETC, die anderen investieren in gemischte Rohstoffe.

Das mittlere Portfolio enthält im Anleihenteil zu einem Drittel Fremdwährungspapiere, das offensive Portfolio investiert alle seine Anleihen spekulativ. Die defensive Variante ist auch im Rentenanteil konservativer.

Der ausgeprägte „Home Bias" in den drei Amundi Multi-Asset Portfolios gefällt vielleicht einheimischen Anlegern, scheint uns aber übertrieben. Das defensive Portfolio stufen wir als ausgewogen ein, das mittlere als offensiv.

iShares: Komplexe Steuerungsmethode

Dieses Portfolio gibt es als Conservative-, Moderate- und Growth-Variante. Blackrock verwaltet die iShares-Misch-ETF aktiv und steuert die Zusammensetzung anhand der Volatilität – einer Risikogröße, die Schwankungen des Portfolios misst. Für die konservative Variante liegt das Schwankungsziel bei 2 bis 5 Prozent, für die moderate bei 5 bis 10 Prozent und für die riskanteste bei 10 bis 15 Prozent. Zum Vergleich: Weltweite Aktien liegen im langjährigen Schnitt bei rund 14 Prozent.

Die ETF behalten die Erträge im Fondsvermögen. Die Portfolios enthalten Aktien aus Schwellenländern, auch sind Branchen beigemischt. Auf der Anleihenseite fällt der aktuell hohe Anteil an Fremdwährungsanleihen auf.

Rohstoffe sind derzeit keine dabei. Die ETF berücksichtigen Nachhaltigkeitskriterien.

Wird ein Portfolio – wie hier bei iShares – nach Volatilität gesteuert, kann es je nach Modell und Marktphase zu sehr unterschiedlichen Zusammensetzungen kommen. Das ist nicht immer leicht nachvollziehbar.

Vanguard: Für Fans des Pantoffel-Portfolios

Es kommt in vier Portfoliovarianten mit Aktienanteilen von 20, 40, 60 oder 80 Prozent. Vanguard verfolgt einen statischen Ansatz, der Aufbau der Portfolios ist festgelegt und ähnelt im Aktienteil dem MSCI All Country World (ACWI), der sowohl Industrie- als auch rund 10 Prozent Schwellenländeraktien enthält. Der Anleiheteil enthält weltweite Anleihen besserer Qualität, die auf Euro lauten oder in Euro abgesichert sind. Letztere entwickeln sich etwas anders als Euro-Anleihen.

Die Fonds legen die Erträge wieder an, es gibt alle vier ETF aber auch in einer ausschüttenden Variante.

Von den hier vorgestellten Misch-ETF sind die Life Strategy-Portfolios von Vanguard am ehesten vergleichbar mit unserer Anlagestrategie Pantoffel-Portfolio – abgesehen davon, dass es von dem nur drei Varianten gibt und der Anleiheteil sich unterscheidet.

Xtrackers Portfolio: Individuelles Konzept

Die DWS bietet zwei Portfolio-Varianten an. Das ausgewogene Xtrackers Portfolio besteht seit 2008 und wurde von Xtrackers mit dem Finanzexperten Andreas Beck gegründet. Die Aktienquote liegt zwischen 30 und 70 Prozent. Die Anlagen fürs Portfolio wählt ein vierköpfiges Strategiekomitee aus, das sich mehrmals jährlich trifft. Die defensive „Income"-Variante wurde dem Xtrackers Portfolio später zur Seite gestellt. Auffallend ist der aktuell hohe Unternehmensanleihen-Anteil in beiden ETF. Der Sicherheitsbaustein des Income-ETF enthält auch Inflationsschutz- und Geldmarktpapiere.

Das Portfolio Income schüttet die Erträge aus, das Xtrackers Portfolio sammelt sie im Fondsvermögen an.

Der Anteil an USA-Aktien in den Portfolios von Xtrackers ist jeweils geringer als im MSCI World, Unternehmensanleihen sind hoch gewichtet. Mit 0,71 Prozent (Portfolio) und 0,65 Prozent (Income) sind die Xtrackers-ETF aber relativ teuer.

Mischfonds im Fondsfinder

Die hier vorgestellten Mischfonds-ETF finden Sie in unserem Fondsdauertest unter test.de/fonds. Sie können ihre Entwicklung dort bequem verfolgen. Wir haben die ETF den folgenden drei Fondsgruppen zugeordnet: defensive Mischfonds, ausgewogene Mischfonds oder offensive Mischfonds. Wir aktualisieren Bewertungen und Daten zur Wertentwicklung einmal monatlich.

Unser Rat

Sie wollen verschiedene Anlageformen mischen, sich um Ihr Portfolio aber nicht kümmern müssen? Dann sind Mischfonds-ETF eine gute Alternative zu teuren, aktiv gemanagten Fonds, die Bankberater gern empfehlen. Die börsengehandelten Fonds enthalten einen Mix aus Aktien, Anleihen und anderen Anlageformen.

Vanguards Life Strategy Portfolios kommen der von uns empfohlenen Anlagestrategie am nächsten. Es gibt vier statt drei verschiedene Mischungsvarianten. Eine Bewertung haben sie nicht, da sie noch keine fünf Jahre alt sind. Die anderen Mischfonds-ETF sind nur etwas für Anlegerinnen und Anleger, die genau dieses Konzept suchen.

Unser Pantoffel-Portfolio bietet Ihnen mehr Handlungsspielraum. Beispielsweise können Sie die ETF, die Sie mischen wollen, selbst auswählen.

Fünf-Punkte-Strategie: Mit Top-ETF den Markt schlagen

Wie bitte? ETF bilden den Markt ab, wie kann man damit besser sein als der Markt? Top-ETF schaffen das. Was die Fünf-Punkte-Strategie leistet und wie Sie sie umsetzen.

ETF sind so beliebt, weil sie oft besser abschneiden als aktiv gemanagte Fonds. Dabei sind sie simpel aufgebaut und bilden einfach den Markt nach. Trotzdem träumen manche Anlegerinnen und Anleger davon, noch besser zu sein und den Markt zu schlagen.

Das ist schwierig, aber es gibt eine Chance. Es kann sowohl mit aktiven Fonds funktionieren – als auch mit ETF. Wir haben eine Strategie entwickelt – und in Hunderten Simulationen überprüft – mit der man es schaffen kann, besser abzuschneiden als mit einem marktbreiten ETF: die Fünf-Punkte-Strategie.

Für wen die Strategie geeignet ist

Das Vorgehen eignet sich für Sie, wenn Sie Erfahrung und gute Kenntnisse mit Fonds und ETF haben, bereit sind, Ihr Depot regelmäßig zu checken und Fonds auszutauschen und wenn Ihre Fonds bei einem günstigen Depotanbieter liegen.

Manche ETF sind besser als andere

Um es klarzustellen: ETF ist nicht gleich ETF. Exchange Traded Funds sind im Allgemeinen bekannt dafür, einen Index abzubilden, etwa den Dax oder den MSCI World – um die bei hiesigen Anlegerinnen und Anlegern wohl bekanntesten Börsenbarometer zu nennen. Sie bilden den jeweiligen Markt in seiner ganzen Breite ab, weshalb sie sich dann auch so entwickeln wie der Markt.

Es gibt aber auch Indizes, die sich auf bestimmte Segmente spezialisieren. Der Dow Jones Global Titans 50 zum Beispiel listet nicht wie der MSCI World rund 1400 verschiedene Titel, sondern bildet die Entwicklung der weltweit 50 größten Unternehmen ab. Andere Indizes fokussieren sich auf dividendenstarke Aktien, wieder andere folgen nur Substanzwerten und lassen Wachstumstitel außen vor.

Solche spezialisierten ETF können besser abschneiden als der breite Markt. ETF auf den Dow Jones Global Titans 50 etwa haben in den vergangenen Jahren den breiten Markt outperformt und sowohl auf Fünfjahres- als auch auf Zehnjahressicht eine bessere Rendite erzielt. So gut lief es allerdings nicht immer: In den Jahren zuvor hinkte der Dow Jones Global Titans 50 dem MSCI World Index hinterher.

Marktbreite ETF bleiben 1. Wahl

ETF, die den Markt in seiner ganzen Breite abbilden, kennzeichnen wir als 1. Wahl. Sie sind im Vergleich zu speziellen ETF auf lange Sicht das zuverlässigere Investment. Wer in einen bestimmten Markt investieren will, sei es den Welt- oder den europäischen Markt, Deutschland oder ein Schwellenland, liegt mit diesen ETF richtig. Anlegerinnen und Anleger, die mehr herausholen wollen, können unsere Fünf-Punkte-Strategie mit ETF verfolgen.

Outperformance mit Top-ETF erzielen

Das Ziel der Fünf-Punkte-Strategie mit Top-ETF ist es, besser abzuschneiden als mit marktbreiten ETF. Um zu sehen, wie gut das funktioniert hat, haben wir Backtests in zehn wichtigen Fondsgruppen durchgeführt. In sieben davon gab es Stil-ETF, die wir zwischenzeitlich mit der Bestnote von fünf Punkten bewerten konnten.

Wir verfügen über Fondshistorien seit dem 30. September 2004. Da wir für die Fünf-Punkte-Strategie die historischen Fondsbewertungen auf der Basis der fünfjährigen Chance-Risiko-Zahl ermitteln, liegen unsere Simulationsergebnisse ab dem 30. September 2009 vor. Seit diesem Datum haben wir auch die Wertentwicklung ermittelt.

Anlegerinnen und Anleger sollten dabei beachten, dass die absolute Wertentwicklung stark von dem Markt abhängt, in dem die Strategie umgesetzt wird. Dass beispielsweise die Strategie in den USA besser lief als in Europa, liegt weniger an der Fünf-Punkte-Strategie, sondern vielmehr daran, dass US-Aktien insgesamt besser liefen als europäische Titel.

Mit aktiven Fünf-Punkte-Fonds den Markt schlagen

Wer auf die besten Fonds aus unserem Rating setzt, kann besser abschneiden als mit marktbreiten ETF. Wir erklären, wie die Fünf-Punkte-Strategie damit funktioniert.

ETF gelten seit einigen Jahren als das Nonplusultra an der Börse und sind bei vielen Anlegern beliebter als aktiv gemanagte Fonds. Auch wir empfehlen ETF, insbesondere für das von uns entwickelte Pantoffel-Portfolio – eine bequeme und zugleich erfolgreiche Anlagestrategie. Aber manche Anlegerinnen und Anleger möchten sich intensiv mit ihren Anlagen auseinandersetzen und hoffen, mit aktivem Handeln besser abzuschneiden als der breite Markt, den die ETF abbilden.

Diesen Anlegerinnen und Anlegern möchten wir eine Alternative aufzeigen. Mit der Fünf-Punkte-Strategie setzen wir bewusst auch auf aktiv gemanagte Portfolios, denn von Zeit zu Zeit überzeugen Fondsmanager mit dem richtigen Timing und der richtigen Auswahl von Titeln. In diesen Phasen gelingt ihnen etwas, was marktbreite ETF nie erreichen können: Sie übertreffen den jeweiligen Index.

Das verschafft ihnen einen Renditevorteil gegenüber ETF, solange die Outperformance anhält. Doch irgendwann reißt die Erfolgssträhne ab. Hier setzt die Fünf-Punkte-Strategie an: Wer von einem schwächer werdenden Top-Fonds zu einem anderen Top-Fonds wechselt, hat die Chance, auf der Erfolgswelle weiter zu schwimmen. Wenn kein Ersatz vorhanden ist, setzt man auf einen marktbreiten ETF des jeweiligen Segments, bis es wieder einen Fünf-Punkte-Fonds gibt.

Für wen die Fünf-Punkte-Strategie mit aktiven Fonds geeignet ist

Um diese Strategie umzusetzen, sollten Sie gute Kenntnisse über Fonds haben und es gewohnt sein, über Ihre Anlagegeschäfte selbst zu entscheiden. Ihr Anlageziel ist es dabei, besser abzuschneiden als der Gesamtmarkt. Sie wissen, dass die Wahrscheinlichkeit, das Ziel zu erreichen, höchstens im mittleren Bereich liegt.

Sie sind bereit, Ihr Depot regelmäßig zu überprüfen und Fonds häufig auszutauschen. Ihre Fonds liegen bei einem günstigen Depotanbieter. Nachhaltigkeit – zumindest strenge Nachhaltigkeit – steht bei Ihren Entscheidungen nicht im Fokus.

Marktbreite ETF bleiben 1. Wahl

Die Fünf-Punkte-Strategie eignet sich für risikofreudige Anlegerinnen und Anleger. Sie steht nicht im Widerspruch zu unserer Basisempfehlung marktbreiter ETF. Börsengehandelte Indexfonds sind einfach, transparent und kostengünstig und bieten somit viele Vorteile, die die meisten aktiven Fonds nicht haben. Auch wir empfehlen marktbreite ETF als 1. Wahl.

Wer die Fünf-Punkte-Strategie konsequent verfolgt, kann nach unseren Analysen in bestimmten Fondsgruppen den reinen ETF-Ansatz übertreffen. Im besten Fall, nämlich in der Fondsgruppe Aktien Europa, ergab sich in unseren Simulationen im Zeitraum seit 2009 ein Gewinnplus von rund 27 Prozent.

So viel mehr Rendite gab's mit der Fünf-Punkte-Strategie

Das Ziel der Fünf-Punkte-Strategie ist es, besser als marktbreite ETF abzuschneiden. Wer beispielsweise auf europäische Aktien setzt, möchte ETF auf den MSCI Europe schlagen, wer globale Titel ins Portfolio holt, will über ETF auf den MSCI World triumphieren. Egal in welcher Fondsgruppe Anlegerinnen und Anleger die Fünf-Punkte-Strategie umsetzen, am Ende sollte das Ergebnis die jeweiligen marktbreiten ETF möglichst übertreffen.

Unsere Finanz-Expertinnen- und Experten haben insgesamt zehn Fondsgruppen über einen Zeitraum von mehr als 15 Jahren untersucht. Wir verfügen über Fondshistorien seit dem 30. September 2004. Da wir für die Fünf-Punkte-Strategie die historischen Fondsbewertungen auf der Basis der fünfjährigen Chance-Risiko-Zahl ermitteln, liegen unsere Simulationsergebnisse ab dem 30. September 2009 vor. In fast allen untersuchten Fondsgruppen zeigt sich mit der Fünf-Punkte-Strategie ein deutlicher Vorsprung gegenüber dem Fondsgruppendurchschnitt. Zwar liegen auch marktbreite ETF in der Regel über dem Durchschnitt der Fondsgruppe. Im Vergleich mit marktbreiten ETF schaffte die Fünf-Punkte-Strategie aber zumindest in drei der untersuchten zehn Fondsgruppen eine Outperformance gegenüber marktbreiten ETF.

Fazit: Marktbreite ETF mit der Fünf-Punkte-Strategie zu schlagen ist schwierig, aber möglich. Den Durchschnitt der aktiven Fonds dagegen schlägt man fast immer.

So setzen Sie die Fünf-Punkte-Strategie um

Der Weg zu mehr Rendite führt über die monatlich aktualisierte Fondsbewertung in unserem Fondsfinder. Erfahren Sie hier, worauf Sie bei der Umsetzung der Fünf-Punkte-Strategie achten müssen.

Entscheiden Sie sich zunächst für eine Fondsgruppe, zum Beispiel Aktienfonds Welt. Nutzen Sie unseren Fondsfinder, um die Fünf-Punkte-Fonds herauszufinden. Lassen Sie sich zunächst unter test.de/fonds alle Ergebnisse anzeigen. Gehen Sie nun in den Bereich „Bewertung“ und wählen Sie bei „Anlageerfolg" die Fonds mit fünf Punkten aus – oder filtern Sie unter „Weitere Filter" beim Menüpunkt „Stiftung Warentest: Strategien für Fortgeschrittene" nach unseren „Fünf-Punkte-Fonds".

Überprüfen Sie in der Einzelansicht des Fonds, ob er handelbar ist. Es kann passieren, dass erfolgreiche Fonds zeitweise keine neuen Anleger aufnehmen.

Wenn es möglich ist, kaufen Sie den Fonds. Sind Sie bereits in den Fonds investiert, dann bleiben Sie drin, solange er von uns weiterhin mit fünf Punkten bewertet wird.

Gibt es keine Ergebnisse beim Filtern auf aktuelle Top-Fonds oder ist die aktuelle Auswahl über Ihre Depotbank nicht kaufbar, dann investieren Sie in einen 1. Wahl-ETF der entsprechenden Fondsgruppe.

Wundern Sie sich nicht: Wir vergeben die Bestnote nicht oft. Sie werden daher nicht viele Fünf-Punkte-Fonds finden. Es qualifizieren sich nur Fonds, die eine Chance-Risiko-Zahl größer 105 haben, dazu einen positiven Trend aufweisen und sowohl bei Chance als auch bei Risiko besser abschneiden als der Referenzindex.

Bestehende Fonds überprüfen

Überprüfen Sie immer zum Beginn eines Monats, ob Ihre Fonds noch fünf Punkte haben. Legen Sie Ihren Fonds in unser Fondsbeobachtungstool. Auf diese Weise sehen Sie sofort beim Aufrufen des Beobachters, wie gut der Fonds noch bewertet ist.

Verkaufen Sie den Fonds sofort, wenn seine Note sich verschlechtert. Warten Sie nicht, bis er auf drei, zwei oder sogar einen Punkt runterfällt. Nicht zögern – weg damit.

Erst Depotaufbau, dann Fonds-Auswahl

Die Fünf-Punkte-Strategie lässt sich von unterschiedlichen Anlegertypen umsetzen. Ob defensiv mit 25 Prozent Aktienquote, ausgewogen mit 50 Prozent, offensiv mit 75 Prozent oder komplett auf Rendite getrimmt mit 100 Prozent Aktienquote – die Strategie kann grundsätzlich in Portfolios verschiedener Risikostufen angewendet werden.

Wobei man einschränkend sagen muss: Oft stehen Anleger mit defensiven Depots dem Aktienmarkt eher skeptisch gegenüber und möchten oder können keine großen Risiken eingehen. Für solche Anlegerinnen und Anleger eignet sich eher unser Pantoffel-Portfolio statt der Fünf-Punkte-Strategie. Zudem gilt: Je kleiner das Portfolio, umso schwieriger wird es, die Fünf-Punkte-Strategie kostengünstig umzusetzen.

Fünf-Punkte-Strategie gezielt einsetzen

Die Fünf-Punkte-Strategie lässt sich mit einem Welt-Depot auch so umsetzen, indem man nur einen Teil des Aktienbausteins dafür verwendet und den anderen Teil von vornherein in einen 1. Wahl-Welt-ETF steckt.

Die Strategie funktioniert auch in einem selbst gestrickten Welt-Portfolio, das aus den USA, Japan und Europa besteht. Dort könnte man in der Aktienfondsgruppe Europa auf Jagd nach Top-Fonds gehen – dort hat es ja in der Vergangenheit gut geklappt – und Japan sowie die USA mit marktbreiten ETF abdecken.

Was, wenn es zu wenige Top-Fonds gibt?

Wenn es in der gewünschten Fondsgruppe nur einen einzigen Fünf-Punkte-Fonds gibt, können Anlegerinnen und Anleger entweder nur in diesen einen Fonds investieren – so sind wir auch bei den Backtests vorgegangen, wenn nur ein Top-Fonds zu einem Zeitpunkt vorhanden war. Oder sie teilen ihr Geld auf, um es besser zu streuen, und investieren ein Drittel in den Fünf-Punkte-Fonds und zwei Drittel in einen marktbreiten ETF derselben Fondsgruppe.

Was tun, wenn es zu viele Top-Fonds gibt?

Und wie sollte man vorgehen, falls zu viele Fünf-Punkte-Fonds innerhalb einer ausgewählten Fondsgruppe zur Auswahl stehen? Gerade bei einer Beimischungsfondsgruppe kann es schwierig werden, das dafür zugeteilte Vermögen auf eine Vielzahl an Fonds zu verteilen, zumal die Banken oft Mindestanlagesummen verlangen. Unsere Finanz-Expertinnen und -Experten raten in solchen Fällen, wie im Beispiel oben beschrieben, zunächst weitere Filter anzulegen: Anleger und Anlegerinnen sollten sich für eine Anteilsklasse pro Fonds entscheiden. Dabei sollten sie auf gute Handelbarkeit und die passende Ertragsverwendung achten. Für manchen mag auch die Nachhaltigkeit ein Kriterium sein.

Sollten dann immer noch zu viele Fünf-Punkte-Fonds zur Auswahl stehen, kann man entweder nur die drei besten – absteigend nach der Chance-Risiko-Zahl – oder die drei günstigsten Top-Fonds auswählen und diese so lange halten, bis sie nicht mehr fünf Punkte haben.

Welche Pflege das Depot benötigt

Bei der Fünf-Punkte-Strategie müssen Anlegerinnen und Anleger im Gegensatz zum Pantoffel-Portfolio nicht nur aktiv werden, wenn die Aufteilung zu stark abweicht, sondern auch bei Qualitätsverschlechterungen der Fonds innerhalb einer jeden verwendeten Fondsgruppe. Ersteres kommt eher selten vor. Der Austausch von ehemaligen Top-Fonds dagegen kann häufig erforderlich sein.

Ex-Top-Fonds richtig austauschen

Sobald ein Top-Fonds seine fünf Punkte verliert, sollte er verkauft und in einen oder mehrere andere Top-Fonds getauscht werden. Gibt es keine, fließt das Geld in einen 1.-Wahl-ETF der gleichen Fondsgruppe.

In unseren Backtests haben wir angenommen, dass pro Fondsgruppe die aktuellen Fünf-Punkte-Fonds monatlich gleichgewichtet werden. Aber wie sollen Anleger und Anlegerinnen den Umtausch von alten gegen neue Fonds in der Praxis umsetzen? Wir geben folgende Tipps für unterschiedliche Szenarien:

→ **Szenario 1:** Die bisherigen Top-Fonds behalten ihr sehr gutes Rating, es gibt auch keine neuen Top-Fonds. Unser Rat: Lassen Sie alles so.

→ **Szenario 2:** Alle bisherigen Top-Fonds verlieren ihr Rating, und es gibt auch keine neuen Fünf-Punkte-Fonds innerhalb der gleichen Fondsgruppe. Unser Rat: Verkaufen Sie die ehemaligen Top-Fonds und investieren den Erlös in einen 1. Wahl-ETF der gleichen Fondsgruppe.

→ **Szenario 3:** Ein Teil der bisherigen Top-Fonds verliert sein Spitzenrating, es gibt keine neuen Top-Fonds in der gleichen Fondsgruppe. Unser Rat: Verkaufen Sie die Ex-Top-Fonds und stocken Sie die verbliebenen Top-Fonds so auf, dass sie ungefähr gleichgewichtet sind.

→ **Szenario 4:** Mehrere der bisher investierten Top-Fonds verlieren ihre Fünf-Punkte, es gibt einen neuen Top-Fonds. Unser Rat: Verkaufen Sie die schlechter gewordenen Fonds. Verwenden Sie den Erlös so: Kaufen Sie zum einen den neuen Top-Fonds und stocken Sie zum anderen die weiterhin top-bewerteten Fonds auf. Angenommen, es gab bisher drei ungefähr gleichgewichtete Top-Fonds und zwei davon verlieren ihre Top-Bewertung. Dann gehen 75 Prozent des Verkaufserlöses in den neuen und 25 Prozent in die Aufstockung des älteren Top-Fonds.

→ **Szenario 5:** Bisher wurde in einen marktbreiten ETF investiert, nun gibt es Fünf-Punkte-Fonds. Unser Rat: Verkaufen Sie den 1. Wahl-ETF und investieren stattdessen möglichst gleichverteilt in die Fünf-Punkte-Fonds.

Wichtig: Es kommt beim Umschichten und Ausbalancieren des Portfolios nicht auf die genaue Nachkommastelle an. Anlegerinnen und Anleger können und sollten die Anpassungsregeln pragmatisch auslegen.

Psychologie bei der Geldanlage

Markteinstieg – alles auf einmal oder scheibchenweise?

Ist jetzt ein guter Zeitpunkt, in den Aktienmarkt zu investieren – oder sollte man noch warten? Diese Frage wird uns immer wieder gestellt. Eine Analyse.

Immer wieder schwankt der Kurs des Weltaktienindex MSCI World munter auf und ab. Dann kann es innerhalb weniger Wochen gerne einmal 10 Prozent nach oben oder unten gehen. Wer eine größere Summe Geld anlegen will, kann sich davon schnell nervös machen lassen. Geht es bald wieder runter oder sollte man jetzt alles investieren, bevor es noch weiter steigt?

Weil wir nicht sagen können, wie der globale Aktienmarkt sich in näherer Zukunft entwickeln wird, aber davon überzeugt sind, dass dieser langfristig steigt, ist unsere Antwort: Auf den besten Zeitpunkt zu warten, lohnt sich nicht. Den kennt man immer erst im Nachhinein.

Gerade für Einsteiger ist es jedoch schwer zu verkraften, wenn sie nun mit einer größeren Summe in einen Aktien-ETF investieren und danach der Markt einbricht. Es könnte daher vorteilhaft sein, die Anlagesumme in kleinere Beträge aufzuteilen und über einen gewissen Zeitraum verteilt zu investieren.

Wir schauen uns in der folgenden Analyse an, welche Vor- und Nachteile ein scheibchenweiser Markteinstieg gegenüber der All-In-Variante hat.

10 000 Euro anlegen, aber wie?

Stellen Sie sich vor, Sie haben 10 000 Euro, die Sie in einen weltweit anlegenden ETF investieren wollen. Was Ihnen jedoch nicht gefallen würde: Sie investieren die komplette Summe – und der Markt bricht danach stark ein, die Erholung dauert gefühlt ewig. Also überlegen Sie, ob Sie das Geld nicht lieber scheibchenweise investieren, zum Beispiel gleichmäßig über ein Jahr verteilt, in jedem Monat ein Zwölftel der 10 000 Euro.

Über längere Sicht ging es am weltweiten Aktienmarkt bisher immer aufwärts: die langfristige Rendite betrug im Durchschnitt um die 7 Prozent pro Jahr. Zwischendrin krachte es aber auch gewaltig, mit Verlusten bis zu 60 Prozent. Die längste Verlustphase dauerte bei einem weltweiten Investment rund 13 Jahre.

Sie stehen also vor der Wahl zwischen „Alles auf einmal“ oder „Nach und nach“. Welche Option die bessere war, wissen Sie mit Sicherheit erst nach dem ersten Jahr: Dann können Sie schauen, welche Variante mehr aus den 10 000 Euro im Aktien-ETF gemacht hätte.

Die historische Betrachtung

Wir haben alle rollierenden Einjahreszeiträume des MSCI World Index seit 1970 analysiert und ausgerechnet, wann der tranchenweise Einstieg besser oder schlechter war als der Kompletteinstieg. Zusätzlich haben wir auch noch geschaut, ob und wie sich die Ergebnisse in Abhängigkeit von der Marktphase zu Beginn der jeweiligen Investmentperiode verändern. Die Idee dahinter ist folgende: Hat der Markt gerade einen starken Einbruch verzeichnet und liegt weit unter seinem bisherigen Höchststand, dann wird er wahrscheinlich nicht noch weiter oder zumindest nicht mehr so stark fallen.

Anders ist die Situation, in der der Markt auf einem neuen Höchststand ist. Dann wäre ein starker Einbruch möglich. Für einen Investor heißt das: Vermutlich lohnt sich die All-In-Variante mehr, wenn der Markt bereits stark gefallen ist und man eher mit einer Erholung rechnen kann. Liegt der Markt dagegen nahe oder auf einem neuen Höchststand, könnte die „Nach und nach"-Variante mehr Sicherheit bieten.

Wir haben daher für jeden Monatsbeginn seit 1970 ausgerechnet, wie weit der Markt gerade unter einem zuvor erreichten Höchststand lag und die Zeiträume in vier Marktphasen eingeteilt:

→ **Markt auf oder knapp unter Höchststand:** er liegt 0 bis minus 5 Prozent unter seinem bisherigen Höchststand

→ **Markt verzeichnet moderate Kurskorrekturen:** minus 5 bis minus 20 Prozent unter Höchststand

→ **Markt stark eingebrochen:** minus 20 bis minus 40 Prozent unter Höchststand

→ **Markt außergewöhnlich stark eingebrochen:** minus 40 bis minus 60 Prozent unter Höchststand

Unsere Untersuchung hat ergeben, dass es meistens besser wäre, alles auf einmal anzulegen als sein Geld in Raten zu investieren.

In zwei Drittel aller Fälle wäre die All-in-Variante besser gewesen. Selbst wenn der Markt einen neuen Höchststand erreicht hatte oder knapp darunter lag, war in 70 Prozent der Fälle die „Alles auf einmal"-Variante besser. Gab es zuvor einen starken Einbruch um mehr als 40 Prozent, fuhr man in 86 Prozent der Fälle mit der All-in-Strategie besser. Meistens lohnte sich also der ratenweise Einstieg nicht – man verschenkte einfach Rendite. Auch beim durchschnittlichen Vermögen, das Anleger nach einem Jahr erreicht hatten, lag die All-in-Variante vorne. Der Einstieg in Raten hat den Vorteil, dass er das Risiko reduziert. Hatte man das seltene Pech, kurz vor einem der schlechtesten Zeitpunkte einzusteigen, etwa direkt vor der Finanzkrise 2008, wäre die „Nach und nach"-Variante besser gewesen. Doch erahnen lässt sich das nicht.

Fazit: Weniger Rendite, bessere Nerven

Für den Geldbeutel ist es rein statistisch gesehen in der Mehrzahl der Fälle besser, wenn man alles auf einmal anlegt. Für die Nerven ist es besser, sein Geld nicht auf einen Schlag, sondern in Raten zu investieren.

Einmalanlage: Wie lange die Einzahlphase strecken?

Der scheibchenweise Einstieg ist zwar oft nicht der beste, doch er schont die Nerven. Über welchen Zeitraum sollte man die Einzahlungen verteilen? Was ist optimal?

Im vorherigen Kapitel hatten wir analysiert, was besser war: Alles auf einmal in einen Welt-ETF zu investieren oder Schritt für Schritt über ein Jahr verteilt. Das Ergebnis: Meistens verschenkte man mit einem scheibchenweisen Einstieg Rendite. In Raten einzuzahlen war allerdings besser für die Nerven, weil man in schlechten Zeiten weniger Geld verlor.

Nun schauen wir uns an, ob und wie die Ergebnisse sich ändern, wenn wir den Zeitraum für den scheibchenweisen Einstieg länger oder kürzer als ein Jahr gestalten.

Scheibchenweiser Einstieg ist wie ein Mini-Sparplan

Um bei unserem Beispiel aus dem letzten Kapitel zu bleiben: Stellen Sie sich vor, Sie verfügen über ein Vermögen von 10 000 Euro auf Ihrem Tagesgeldkonto, das Sie in einen Aktien-ETF investieren wollen. Entscheiden Sie sich für den scheibchenweisen Einstieg, entnehmen Sie nach und nach Geld vom Konto und investieren es über die Zeit verteilt in einen Aktien-ETF. Sie wandeln die Einmalanlage in einen Mini-Sparplan um. Ihre Vermögensaufteilung verschiebt sich über den gewählten Investitionszeitraum. Am Anfang liegen 100 Prozent Ihres Vermögens auf dem Tagesgeldkonto, am Ende liegt alles Geld im Aktien-ETF. Das Tagesgeld schmilzt Monat für Monat um die nächste Rate ab, der Aktien-ETF wächst entsprechend. Das Gesamtvermögen besteht während des Jahres also aus zwei Geldanlagen: Tagesgeld und Aktien-ETF.

Was ist der optimale Zeitraum?

Bisher hatten wir die Einmalanlage mit einem scheibchenweisen Einstieg über zwölf Monate verglichen. Historisch gesehen wäre nur in 33 Prozent aller Fälle der scheibchenweise Einstieg über ein Jahr besser gewesen als der „Alles auf einmal"-Einstieg. Aber wie sieht es aus mit einem noch länger gestreckten Zeitraum?

Unsere Untersuchungen haben ergeben: Länger als zwei Jahre brauchen Sie die Anlage nicht zu strecken. Die Wahrscheinlichkeit des Erfolgs sinkt von 40 Prozent bei 2 Monaten auf 27 Prozent bei 24 Monaten. Je länger Sie den Markteinstieg strecken, desto unwahrscheinlicher wird es, dass Sie damit besser als mit der Einmalanlage gleich zu Beginn abschneiden.

Berücksichtigung der Marktphase

Und wie siehst es aus, wenn wir die Marktphase zum Zeitpunkt der Investitionsentscheidung berücksichtigen? Zur Erinnerung: Wir unterteilen die Marktphasen wie folgt:

→ **Markt auf oder knapp unter Höchststand:** Er liegt 0 bis 5 Prozent unter seinem bisherigen Hoch.

→ **Markt verzeichnet moderate Kurskorrekturen:** Er liegt zwischen 5 und 20 Prozent unter Höchststand.

→ **Markt verzeichnet hohe Kursverluste:** Er liegt 20 bis 40 Prozent unter Höchststand.

→ **Markt sehr stark eingebrochen:** Er liegt zwischen 40 und 60 Prozent unter Höchststand.

Unsere Untersuchung ergibt, dass für alle Szenarien gilt: Wenn Sie scheibchenweise in den Markt investieren wollen, ist es tendenziell besser, den Einstieg über einen kürzeren Zeitraum zu strecken als über einen langen.

Je tiefer der Aktienmarkt vor der ersten Investition bereits gefallen war, desto weniger haben sich längere Einstiegsphasen gelohnt.

Ausreißer: Längste Phase für Sparplan

Zum Schluss schauten wir uns an, welches die längste Streckungsdauer war, über welche sich wenigstens einmal der "Nach und nach"-Einstieg mehr gelohnt hat als der „Alles auf einmal"-Einstieg.

Im Januar 2000 war der Aktienmarkt auf Höchststand. Es standen schwere Jahre für Aktienanleger bevor. Zunächst würde die Dotcom-Krise und danach die Finanzkrise die Aktienmärkte immer wieder einbrechen lassen. Wer zu diesem Zeitpunkt investieren wollte, hätte einen scheibchenweisen Einstieg wählen und diesen über unglaubliche 23 Jahre strecken können, um noch etwas besser abzuschneiden als mit der All-In-Variante. Voraussehen kann man so eine Phase freilich nicht.

Sparpläne: Für jeden die passende Strategie

In Weltaktien-ETF zu sparen, ist der Königsweg zum Vermögensaufbau. Doch manche wollen auch beim Sparen mehr Sicherheit. Wir zeigen Optionen für jeden Anlegertyp.

Sichere Zinsanlagen bringen in der Spitze immerhin wieder 3 Prozent pro Jahr oder sogar mehr. Unter test.de/zinsen finden Sie die besten aktuellen Angebote. Dennoch mag bei Sparerinnen und Sparern keine rechte Freude aufkommen. Bei einer Inflationsrate von über 6 Prozent liegt ihre Realrendite – also die Rendite abzüglich Inflation – zurzeit immer noch weit im negativen Bereich.

ETF – zwischenzeitliche Verluste aussitzen

Um aussichtsreich zu sparen, sollten Sparerinnen und Sparer deshalb auf Anlagen mit besseren Renditechancen setzen. Stiftung Warentest Finanzen empfiehlt für diesen Zweck vor allem Sparpläne auf börsengehandelte Indexfonds, Exchange Traded Funds (ETF). In unserem ETF-Sparplanvergleich erfahren Sie, welche Banken und Broker solche Produkte zu welchen Konditionen anbieten.

Vor allem für junge Leute, die für ihren Vermögensaufbau mindestens 30 bis 40 Jahre Zeit haben, sind Sparpläne auf breit streuende Weltaktien-ETF ideal. Das gilt trotz der Risiken, die Aktienanlagen nun einmal mit sich bringen. Börsencrashs sind immer möglich und können zwischenzeitlich starke Vermögenseinbußen verursachen, von normalen Wertschwankungen ganz zu schweigen.

Grundsätzlich sollte deshalb nur so viel Geld in einen ETF-Sparplan fließen, wie Sie langfristig entbehren können. Dann können Sie Verluste einfach aussitzen. Das hat bisher stets funktioniert, wenn es sich bei dem besparten ETF um einen breit streuenden Weltaktienfonds handelt. In unseren bis ins Jahr 1969 zurückreichenden Berechnungen gab es keinen 20-Jahres-Zeitraum, in dem Sparerinnen und Sparer damit im Minus gelandet wären.

Streuung auch beim Sparen sinnvoll

Vielen Anlegerinnen und Anleger widerstrebt es, beim regelmäßigen Sparen alles auf die ETF-Karte zu setzen. Sie wollen ihre Sparraten auf verschiedene Anlageformen verteilen. Wer sichere Zinsprodukte wie Tages- und Festgeld bespart, kann mit dem angesparten Geld stets in voller Höhe kalkulieren. Das ist viel wert, etwa falls ein unerwartetes Ereignis oder ein Schicksalsschlag die bisherige Lebens- und Finanzplanung über den Haufen wirft.

Einen guten Kompromiss bietet eine Kombination aus sicheren und risikoreichen Sparplänen. Für alle, die sich mit solch einer Mischstrategie wohler fühlen als mit einem reinen Aktiensparplan, ist ein sogenannter Pantoffel-Sparplan eine gute Wahl. Er bereitet nur sehr geringen Aufwand, lässt sich auf beliebige Risikoneigungen zuschneiden und bietet Sparenden ohne Vertragsbindung oder Laufzeitbegrenzung große Freiheiten. Das Pantoffel-Portfolio gibt es in drei Grundvarianten, von denen die ausgewogene Fifty-fifty-Mischung wohl vielen Sparerwünschen gerecht wird: nicht zu riskant, aber auch nicht zu vorsichtig.

Tagesgeldkonto als Königsweg

Das bequemste Gegenstück zu einem Aktien-ETF-Sparplan wäre ein langfristiger Zinssparplan. Früher gab es ihn bei vielen Banken, heute kennen wir kein einziges empfehlenswertes Angebot. Die Phase der Null- oder Negativzinsen hat den Markt ausgedünnt, der anhaltende Streit um die Kündigung und Verzinsung von Prämiensparverträgen tut ein Übriges. Zinssparer müssen sich also anders behelfen. Am einfachsten geht das mit einem Tagesgeldkonto, auf das sie zum Beispiel monatlich einen konstanten Betrag überweisen.

Auch auf die Nebenbedingungen achten

Auch bei einigen Banken und Brokern aus unserem Test gibt es attraktiv verzinste Tagesgeld- oder Verrechnungskonten, zum Beispiel bei Scalable Capital oder Trade Republic. Für Sparende ist es bequem, wenn sie alles aus einer Hand bekommen. Allerdings sollten sie die mitunter komplexen Bedingungen beachten, an die der höchste erzielbare Zins oft geknüpft ist.

Anfangs reicht ein Tagesgeldkonto fürs Zinssparen aus, auf längere Sicht sollten Sparer einen Teil des angesammelten Geldes in Festgeld umschichten, da es deutlich höhere Renditen bringt. Je nach Höhe des bereits angesparten Betrags können sie ihn etwa für ein Jahr festlegen oder auf mehrere Laufzeiten verteilen.

Renten- oder Geldmarkt-ETF

Euro-Renten-ETF sind zwar nicht so sicher wie Tagesgeld, aber als Pantoffel-Bestandteil für Langfristanleger diskutabel. Sparende haben mit einem Renten-ETF-Sparplan kaum Aufwand. Als Alternative kommen ETF infrage, die den Geldmarktzins widerspiegeln. Beispiele sind die ETF von Xtrackers (Isin LU0290358497) und Amundi (FR0010510800), die es aber nicht überall als Sparplan gibt. Bei minimalem Kursrisiko sind ähnliche Renditen wie mit gutem Tagesgeld drin. Allerdings hat man meist Kaufkosten und geringe laufende Kosten.

Gelten für große Vermögen andere Anlageregeln als bei kleinen Summen?

Wie legt man 10 000 oder 50 000 Euro optimal an? Gelten ab 100 000 Euro andere Regeln? Wie die Vermögenshöhe die Anlagestrategie beeinflussen sollte.

Die wichtigsten Prinzipien der Geldanlage sind unabhängig vom anzulegenden Betrag. Diese Regeln gelten immer:

→ **Streuung.** Diversifikation ist eine Grundregel. Mit Streuung kann man meist das Rendite-Risiko-Verhältnis seiner Anlage erhöhen und seine Anlage insgesamt verbessern.

→ **Rendite-Risiko-Verhältnis.** Anlegerinnen und Anleger sollten immer davon ausgehen, dass sie für mehr Rendite auch mehr Risiko eingehen müssen.

→ **Individuelle Voraussetzungen.** Egal ob Sie große oder kleine Summen anlegen, die Anlage muss zu Ihren Zielen, zu Ihrer Risikofreude und zu Ihrer finanziellen Situation passen.

→ **Kosten.** Sie zehren an der Rendite und sind immer ein Bremsklotz. Im Zweifel sind weniger Kosten besser.

Mehr Geld, mehr Streuung?

Streuung, das bedeutet in erster Linie, sein Geld auf verschiedene Anlageklassen zu verteilen. Typischerweise unterscheidet man Aktien, Anleihen, Immobilien und Rohstoffe. Manchmal werden auch Hedgefonds, Infrastrukturinvestments und ähnliches als eigene Anlageklasse betrachtet.

Wer 100 Euro pro Monat spart, wird nicht so einfach in alle Anlageklassen anlegen können: ein bisschen Aktien, ein paar Anleihen, kleine Immobilie, etwas Gold und sogar trendige „private Investments" – alles zusammen wird nicht gehen. Wer 100 000 oder gar 1 Million Euro anlegt, kann ohne Zweifel leichter und breiter streuen.

Ausnahmen von der Regel

Eine Ausnahme von der Streuungsregel ist der Kauf einer selbstgenutzten Immobilie. Wer ein Eigenheim kauft, muss sich oft finanziell derart strecken, dass an weitere Anlagen für viele Jahre nicht zu denken ist. Zwar muss die eigene Immobilie nicht immer die allerbeste Geldanlage sein. Sie hat aber in der Regel einen enormen Vorteil gegenüber allen anderen Anlagen: Die Kreditfinanzierung verpflichtet die Eigenheimkäufer meist zu großer finanzieller Disziplin. Das ist einerseits eine Last, andererseits ist Ausgabendisziplin ein sehr wichtiges Element, um Vermögen aufzubauen.

Auch wer Kindern in der Ausbildung finanziell hilft, hat oft kaum noch etwas übrig, was er zur Seite legen könnte. Dennoch kann auch das eine sinnvolle Ausnahme von der Maßgabe zur Streuung sein.

Welche Anlageklassen wirklich sinnvoll sind

Für eine vernünftige Streuung braucht man in erster Linie Aktien und Anleihen. Damit beteiligen sich Anleger und Anlegerinnen am produktiven Kapital oder unterstützen die Unternehmen mit Geld. Auch Gold kann sinnvoll sein. Gold ist zwar nicht produktiv. Es hilft als Krisenwährung aber, das Portfolio zu stabilisieren und kann auch das Rendite-Risikoprofil einer Anlage verbessern. Mehr dazu im Beitrag Gold als Depotbeimischung. Mit ETC (exchange traded commodities) benötigt man auch keine großen Summen, um effizient in Gold zu investieren.

Was Sie nicht brauchen

Weniger sinnvoll sind zum Beispiel breiter streuende Körbe mit Rohstoffen, die Industriemetalle, Edelmetalle, Öl, Gas oder auch Agrarrohstoffe umfassen. Sie zeigen sich in der historischen Analyse als weniger sinnvolle Beimischungen. Sie haben in der Vergangenheit insgesamt kaum zu einem besseren Rendite-Risiko-Profil beigetragen. Mehr dazu in unserer Analyse über Rohstoff-ETF.

Private Loan (Kredite), Private Equity (Risikokapital), Hedgefonds oder geschlossene Immobilienfonds werden gerne als eigene Anlageklassen beworben, die sich teilweise unabhängig von Aktien und Anleihen entwickeln sollen – damit wären sie für eine noch bessere Streuung geeignet. Die Kosten dieser Anlagen sind jedoch meist hoch und ihre Transparenz bleibt weit hinter der von normalen Fonds zurück. Von vollmundigen Versprechen sollten Anleger sich daher nicht blenden lassen. Im Übrigen korrelieren einige Strategien doch stark mit Aktien- oder Anleihenmarktentwicklungen.

Mehr Geld, neue Anlagestrategie?

Die von uns empfohlenen Anlageklassen, nämlich Anleihen, Aktien und vielleicht Gold, hängen nicht vom Anlagebetrag ab. Alle drei lassen sich schon mit kleinen Beträgen sinnvoll investieren.

Da man seine Geldanlage auch nach der eigenen finanziellen Situation ausrichten sollte, ist es naheliegend, dass die empfohlene Geldanlage unter anderem vom Vermögen abhängt. Wer bisher mit Mühe jeden Monat 100 Euro in einen ETF-Sparplan packt, hätte nach einem Lottogewinn sicher neue Anlageziele, zum Beispiel ein kleines, monatliches Zusatzeinkommen.

Das regelmäßige Überprüfen der Anlageziele und der finanziellen Situation ist Standard in der Vermögensverwaltung. Manchmal folgt daraus eine Anpassung der Anlagestrategie, manchmal nicht. Die Anlageklassen Aktien, Anleihen und vielleicht Gold genügen aber auch bei neuen Anlagezielen oder veränderter finanzieller Situation.

Reicht auch bei großen Vermögen nur ein ETF?

Die Frage, ob man eine große Anlagesumme auf mehrere ETF verteilen soll, wird unseren Finanz-Expertinnen und -Experten oft gestellt. Es gibt keine pauschale Antwort. Jede Entscheidung hat ihre Vor- und Nachteile.

Sehen wir uns zunächst die Vorteile an, die entstehen, wenn Sie in mehrere ETF investieren. Mit der Wahl mehrerer ETF erhöhen Anlegerinnen und Anleger ihre Flexibilität: Sie können beispielsweise ETF wählen, die auch Schwellenländer umfassen, oder ETF, die nachhaltige Auswahlkriterien berücksichtigen.

Wenn ein ETF verschmolzen wird und dadurch vorzeitig Kapitalertragssteuern fällig werden, dann betrifft das nur einen Teil Ihres Portfolios, wenn Sie mehrere ETF halten. Das kann bei großen Vermögen oder langer Spardauer leicht zu einem etwas höheren Endvermögen führen.

Wer nach und nach in verschiedene ETF investiert, kann später jene ETF zuerst verkaufen, mit denen er den wenigsten Gewinn erzielt hat. So bleibt die Kapitalertragssteuer erst einmal klein und die verbleibenden ETF-Positionen möglichst groß. Hierbei handelt sich aber nur um einen Steuerstundungseffekt, nicht um eine echte Steuerersparnis. Aber das ermöglicht, möglichst viel angelegtes Geld möglichst lange „arbeiten“ zu lassen.

Nach den Vorteilen nun ein Blick auf die Nachteile, die entstehen, wenn Sie mehrere ETF halten. Zum einen droht die Übersicht verloren zu gehen, wenn das Portfolio zu viele Bausteine enthält. Das erschwert die Kontrolle und die Steuerung des Portfolios. Wer mehrere ETF hält, erhöht darüber hinaus die Wahrscheinlichkeit, dass ein ETF fusioniert wird und Steuern anfallen (dafür – siehe Vorteile – ist davon nur ein kleinerer Teil des Portfolios betroffen).

Das bedeutet im Endeffekt: Wenn Sie es gerne einfach halten möchten, sollte Sie sich nicht scheuen, einfach nur einen ETF zu halten oder zu besparen. Es ist nicht notwendig, aus Risikogesichtspunkten ETF mehrerer Anbieter zu kaufen. Es handelt sich bei ETF wie bei aktiv gemanagten Fonds um Sondervermögen, das im Insolvenzfall vor dem Zugriff Dritter geschützt ist.

Fazit: Strategiewechsel nicht nötig

Mit mehr Vermögen muss sich nicht viel bei der Geldanlage ändern. Die Grundprinzipien gelten immer, Aktien und Anleihen in Form von Fonds funktionieren ebenfalls immer. Und: Die sinnvollen Anlageinstrumente werden mit mehr verfügbarem Geld nicht unbedingt zahlreicher. Seine Anlageziele und die Depotaufteilung gilt es in jedem Fall hin und wieder zu überprüfen.

Die wichtigsten Antworten auf Börsenanfänger-Fragen

In den vergangenen Jahren sind viele junge Menschen an die Börse gegangen – oft mit günstigen und leicht zugänglichen Depotanbietern.

Trade Republic, Justtrade, Scalable Capital, Finanzen.net Zero und Co machen es möglich: Junge Menschen erhalten niedrigschwellig Zugang zur Börse. Viele setzen dabei von Anfang an auf ETF, mit denen sie günstig in viele hundert Unternehmen weltweit gleichzeitig investieren können. Wir klären wichtige Fragen zum Einstieg.

„Ich habe im letzten Jahr erstmals in einen ETF investiert und mache jetzt Minus. Sollte ich mit meinem Sparplan wegen der unsicheren Börsenlage lieber Pause machen?“
Nein. Auch wenn es im ersten Moment schöner ist, wenn die Renditekurve grün nach oben geht statt rot abzusinken, ist es für Anlegerinnen und Anleger mit einem Sparplan sogar etwas Gutes, wenn die Kurse am Anfang des Sparens sinken. So bekommen sie für die gleiche Rate von zum Beispiel 100 Euro jeden Monat mehr Fondsanteile als im Monat zuvor. Wenn die Kurse dann wieder steigen, machen sie damit ordentlich Gewinn.

Wer nur in Zeiten steigender Kurse investiert, bekommt jeden Monat weniger Fondsanteile. Unser Rat: Mit einem weltweit anlegenden Aktien-ETF kann man das Börsengeschehen einfach ignorieren. Börsencrashs und -schwächen gibt es immer wieder. Dies sollte man aussitzen.

„Ist es denn sicher, dass ich mit meinem ETF Gewinn mache?“
Nein, ein Naturgesetz steigender Börsenkurse gibt es nicht. Langfristig sind die Kurse des Weltaktienindex MSCI World in der Vergangenheit zwar immer gestiegen. Dass das in Zukunft weiter so sein wird, kann aber niemand garantieren. Aufgrund dieses Risikos werfen Aktieninvestitionen auch im Durchschnitt höhere Renditen ab als Anlagen mit garantierten Zinsen. Wer mindestens 13 Jahre investiert hat, hat in der Vergangenheit nie einen Verlust mit einer Welt-Aktienanlage gemacht. Bei Betrachtungen von Sparplänen mit einer Dauer von 30 Jahren erzielten Anleger im Durchschnitt fast 8 Prozent Rendite pro Jahr. Wir gehen auch weiterhin von langfristig steigenden Kursen aus. Der Blick auf einen langfristigen Kursverlauf hilft zu erkennen, wie klein die Delle einer aktuellen Korrektur im langfristigen Kontext ist.

„Im MSCI World dominieren US-Aktien. Sollte ich lieber auf einen anderen ETF setzen?“
Der MSCI World als breit gestreute, weltweite Aktienanlage ist unser Standard-Tipp für alle Anlegerinnen und Anleger. Damit sind Anleger trotz aller Krisen und politischer Änderungen langfristig immer gut gefahren. In den vergangenen zehn Jahren waren im Schnitt Renditen von

über 10 Prozent drin. Das muss natürlich kurzfristig nicht so bleiben. Es kann durchaus auch mal mehrere Jahre an den Börsen bergab gehen. Deswegen empfehlen wir die Geldanlage in Aktien nur für Geld, das in den nächsten zehn Jahren nicht dringend benötigt wird. So kann man Börsencrashs aussitzen, bevor es hoffentlich wieder bergauf geht.

Wer wegen der aktuellen politischen oder wirtschaftlichen Situation seinen US-Anteil reduzieren möchte, hat dafür allerdings einige sinnvolle Möglichkeiten. Wer bisher schon auf den MSCI World setzt, kann gegensteuern mit einem ETF „MSCI World ex USA“, der die USA aus dem MSCI World ausschließt, oder er reduziert den US-Anteil durch eine Beimischung. Zudem gibt es auch Lösungen mit nur einem ETF: Ein ETF auf den MSCI World Equal Weighted gewichtet jedes Unternehmen im MSCI World gleich hoch. Dadurch bekommen die großen Tech-Unternehmen aus den USA ein geringeres Gewicht und drücken den Anteil der USA auf knapp 40 Prozent.

„Wie seriös sind Investitions-Apps wie Trade Republic, Scalable und Co?“

Wir untersuchen regelmäßig die sogenannten Neobroker, die den Wertpapierhandel vor allem über Smartphone-Apps ermöglichen. Die Anbieter Trade Republic, Justtrade, Scalable und Finanzen.net Zero sind in unseren Tests vertreten. Sie sind günstig und seriös. Sie alle bieten zahlreiche ETF-Sparpläne ganz ohne Kosten für die Ausführung an. Es gibt aber auch Apps, die unsere Kriterien nicht erfüllen. Beispielsweise ist eToro populär. Das Verrechnungskonto, auf das Anlegerinnen und Anleger Geld zum Handeln dort einzahlen, hat aber keine gesetzliche Einlagensicherung. Das Geld, das dort liegt, ist also nicht sicher, sollte der Anbieter pleitegehen.

Anlegerinnen und Anleger sollten darauf achten, die Apps sinnvoll zu nutzen. Die einfache Bedienung und die geringen Kosten verleiten dazu, schnell mal in dieses und jenes zu investieren. Auch Kryptowährungen werden häufig angeboten. Davon sollten sie wegen der hohen Risiken die Finger lassen.

„Was bringt es mir überhaupt noch, mein Geld auf dem Tagesgeldkonto zu lassen, wenn es so gering verzinst ist?“

Längst gibt es wieder Banken, die Zinsen auf Tagesgeldkonten zahlen. Die besten Zinsen gibt es in unserem stets aktuellen Tagesgeldvergleich unter test.de/tagesgeld.

Mit Aktien lässt sich natürlich mehr herausholen, trotzdem sollte zumindest eine Notfallreserve von zwei bis drei Monatsgehältern auf einem Tagesgeldkonto liegen. Es hat den unschlagbaren Vorteil, dass Sparer jederzeit an das Geld drankommen und der Wert nicht schwankt. Wenn die Waschmaschine kaputt geht, ein neues Handy her muss oder eine andere unvorhergesehene Ausgabe auf einen zukommt, kann man dieses Geld nehmen und muss keinen teuren Kredit aufnehmen. Diese Notfallreserve sollte auch das erste Sparziel sein, bevor es mit dem ETF-Sparplan losgeht.

Bei unserem Anlagekonzept Pantoffel-Portfolio ist ein Tagesgeldkonto als Sicherheitsbaustein ein fester Teil der

Gesamtanlage, mit dem Anlegerinnen und Anleger ihr Risiko verringern können. Das Tagesgeldkonto wirft nicht so viel ab, schwankt aber auch nicht im Wert.

„Ist es nicht lukrativer, direkt in einzelne Aktien zu investieren statt in einen ETF?"

Davon raten wir ab. Das Risiko, mit einer einzelnen Aktie viel Geld zu verlieren, ist zu hoch. Es stimmt zwar, dass Traumrenditen von hunderten Prozent und mehr im Jahr, etwa wie zuletzt beim Rüstungskonzern Rheinmetall, bei Welt-ETF unrealistisch sind – genauso ist aber bei Welt-ETF auch der Totalabsturz ausgeschlossen, weil dafür die im Index enthaltenen 1400 Unternehmen weltweit pleite gehen müssten.

Gerade bei vielen Hype-Aktien folgt nach einem kurzen Anstieg der brutale Einbruch. Während Corona hatte zum Beispiel das Unternehmen Peloton, das smarte Heimtrainer herstellt, einen Höhenflug. Vom Höchststand hat das Unternehmen mittlerweile 95 Prozent verloren. Wer damals 10 000 Euro investiert hätte, hat nun noch Aktien im Wert von 500 Euro. Und da die Fitnessstudios wieder geöffnet haben, besteht wenig Aussicht darauf, sein Geld wieder zu bekommen. Dafür müsste die Aktie vom jetzigen Stand wieder um 2 000 Prozent steigen.

„Sollte ich meine Anlage auf verschiedene ETF streuen?"

Das ist nicht notwendig. Gerade für den Anfang ist es sinnvoll, sich nicht zu sehr zu verzetteln, sondern einfach erst mal loszulegen. Dazu reicht es aus, sich einen weltweit anlegenden ETF auszusuchen und mit diesem einen

Sparplan einzurichten. Stiftung Warentest kennzeichnet alle ETF, die unsere Kriterien für ein markttypisches Investieren erfüllen, mit dem Etikett „1. Wahl".

Neben den konventionellen ETF gibt es auch ETF mit Nachhaltigkeitsanspruch. Die „1.-Wahl"-ETF in der Gruppe Aktien Welt und auch die nachhaltigen Welt-ETF eignen sich alle gleichermaßen als Basisanlage. Oft gibt es bei Anbietern nur bestimmte ETF für einen Sparplan zur Auswahl. Anlegerinnen und Anleger können dann einfach den nehmen, der bei ihrer Bank oder ihrem Broker angeboten wird.

Wer etwas Aufwand nicht scheut, hat aber auch andere Möglichkeiten, seine Kerninvestition zusammenzustellen, etwa nach Wirtschaftskraft (siehe S. 107) oder anhand unserer Fünf-Punkte-Strategie (siehe S. 125 sowie S. 128).

„Ist eine ETF-Anlage auch schon mit kleinen Beträgen sinnvoll?"

Ja. Für den Start gibt es keine zu kleinen Beträge. Viele Anbieter ermöglichen kostenlose ETF-Sparpläne schon ab 25 Euro im Monat. Anlegerinnen, die etwa noch in der Ausbildung sind und nur 25 Euro anlegen können, machen dann eben das. Es sind sogar Sparpläne schon ab 1 Euro monatlich möglich, etwa bei der Direktbank ING oder den Neobrokern Scalable und Trade Republic. Nennenswertes Vermögen lässt sich bei solch kleinen Summen aber nicht aufbauen.

Die Renditeentwicklung ist über einen langen Zeitraum nicht zu unterschätzen: Wenn jemand mit 25 Jahren anfängt, 25 Euro monatlich in einen Sparplan zu stecken und dieser im Durchschnitt 6 Prozent Rendite abwirft – was bei Aktien-ETF realistisch ist –hat er bis zum Alter von 65 Jahren allein damit knapp 50 000 Euro angespart.

Zudem sind ETF-Sparpläne sehr flexibel. Es ist kein Problem, mit 25 Euro zu starten und die Sparrate später zu erhöhen, wenn das Gehalt gestiegen ist. Mit unserem Sparplan-Rechner unter test.de/ETF-Sparplan können Sie selbst berechnen und vergleichen, welche Summen herauskommen, je nachdem welche Sparrate und welche Rendite Sie annehmen.

„Wenn die Kurse beim Bitcoin fallen, könnte ich dann nicht dort einsteigen?“

Bei der Investition in Kryptowerte sollten Anlegerinnen und Anleger sehr vorsichtig sein. Sie sind hochriskant. Extreme Kurseinbrüche bis hin zum Totalverlust sind möglich. Von seinem Höchststand im November 2021 ist der Bitcoin zwischenzeitlich um über 70 Prozent eingebrochen. Statt 56 000 Euro war ein Bitcoin nur noch 16 000 Euro wert. Das hält nicht jeder aus. Seitdem steigt er zwar wieder ordentlich und steht inzwischen bei über 120 000 Euro, aber wie es weitergeht, ist völlig unklar.

Hinter Kryptoanlagen wie dem Bitcoin steht zwar eine faszinierende Technologie: Die Coins, also die digitalen Münzen, werden dezentral geschaffen, ihre Menge ist bei Bitcoin auf 21 Millionen begrenzt. Transaktionen mit ihnen prüft ein Netzwerk ohne zentrale Instanz. Aber ein echter Wert für die Coins ist unmöglich zu ermitteln. Anleger müssen hoffen, dass ihnen jemand zu einem späteren Zeitpunkt mehr Geld für ihre Coins zahlt, als sie selbst bezahlt haben. So bleibt der Bitcoin ein reines und umstrittenes Spekulationsobjekt.

Die größten Börsencrashs – und was sie uns lehren

Um in der Krise einen kühlen Kopf zu bewahren, hilft es, die jeweils aktuellen Börsenturbulenzen mit den Einbrüchen der vergangenen Jahrzehnte zu vergleichen. Eine Einordnung.

Ein Crash ist jedes Mal schlimm, selbst wenn man als Anlegerin oder Anleger schon einige davon mitgemacht hat. Besonders heftig ist es für Neulinge, die bisher nur gute Aktienjahre mitbekommen haben. Um kühlen Kopf zu bewahren, kann es helfen, den aktuellen Crash einzuordnen und mit vergangenen Börsenkrisen zu vergleichen.

Kursstürze gehören genauso zu Aktienanlagen dazu wie fulminante Anstiege. Nach allen bisherigen Einbrüchen sind die Aktienkurse höher gestiegen als zuvor. Trotz Krisen belaufen sich die langfristigen Renditechancen auf 7 bis 8 Prozent pro Jahr, das ist deutlich mehr, als es mit vielen anderen seriösen Geldanlagen gibt. Allerdings können wir nur die Vergangenheit analysieren und nicht in die Zukunft blicken. Es kann sein, muss aber nicht, dass die nächste Krise schlimmer wird als alle zuvor.

Börsencrashs gehören dazu

Börsenkrisen gibt es, seit es Börsen gibt. Auch im vergangenen Jahrtausend gingen die Kurse des öfteren auf Talfahrt – etwa während der Ölkrise in den 1970er-Jahren. Oder am schwarzen Montag im Oktober 1987, als der amerikanische Dow Jones Index mit 22,6 Prozent seinen bisher höchsten Tagesverlust verzeichnete. Oder 1997, als mehrere asiatische Länder in wirtschaftliche Schwierigkeiten gerieten und weltweit Turbulenzen auslösten.

Das 21. Jahrhundert startete mit dem Platzen der Dotcom-Blase. Der MSCI World Index hatte sich von den Verlusten noch nicht wieder erholt, als in den Jahren 2007/2008 die Finanzkrise hereinbrach. Die Kursverluste summierten sich insgesamt auf knapp 60 Prozent. Erst nach langen 4793 Tagen, am 5. November 2013, hatte der MSCI World seinen Höchststand vom 21. September 2000 wieder erreicht. Wer ausgerechnet zum damaligen Hoch eingestiegen war, musste mehr als 13 Jahre warten, ehe er wieder im Plus war.

Besonders in Erinnerung dürfte Anlegerinnen und Anlegern der Crash zu Beginn der Corona-Pandemie sein: 2020 ging es zunächst besonders steil bergab. In Rekordzeit, nur ein Dreivierteljahr später, waren die Märkte aber wieder im Plus.

Lange Durststrecke, gute Gesamtbilanz

Die vergangenen rund 25 Jahre sind ein anschauliches Beispiel dafür, dass man an den Aktienmärkten einen langen Atem haben sollte. Während es in den Nullerjahren durchwachsen lief, verzeichnete der Weltindex MSCI World in der Folge einen erheblichen Zuwachs. Seit 2000 hat sich sein Wert in etwa vervierfacht.

Frauen ticken bei Geld und Geldanlage anders

Frauen sind bei der Geldanlage vorsichtiger als Männer und lassen oft Renditechancen liegen. Warum es gerade für sie besser sein könnte, mehr zu riskieren.

Ist der Trend Female Finance schon wieder vorbei? Der Anteil der Aktiensparerinnen ist im Jahr 2024 zurückgegangen. Nach Angaben des Deutschen Aktieninstituts betrug ihr Anteil an den Aktien- und Fondsbesitzern 36 Prozent – 2023 waren noch 38 Prozent aller Aktiensparer Frauen. 2022 waren sogar mehr Frauen als Männer neu in den Aktienmarkt eingestiegen. Insgesamt waren hierzulande im Jahr 2024 4,4 Millionen Frauen in Aktien, Fonds und ETF investiert, aber 7,7 Millionen Männer.

Frauen legen Wert auf Sicherheit

Eine Studie der österreichischen Fondsgesellschaft Raiffeisen Capital Management (RCM) bestätigt die Zahlen: Von den befragten Personen in Deutschland seien 39 Prozent der Männer bereit, in riskante Anlagen zu investieren, aber nur 22 Prozent der Frauen. Viele Frauen fänden Sicherheit bei der Geldanlage wichtiger als hohe Erträge.

46 Prozent der Frauen hielten sich gänzlich vom Kapitalmarkt fern – aus Sorge vor Verlusten.

Aktien für höhere Renditechancen

Dabei sind es aus unserer Sicht gerade die Anlagen in Aktien beziehungsweise Aktienfonds, die höhere Renditechancen versprechen – und so die Vermögensunterschiede von Frauen und Männern vor allem im Alter verringern helfen würden. Ein wenig Risikoaversion schadet dabei überhaupt nicht: Nach wie vor ist es schlauer, in breit aufgestellte Fonds – wie beispielsweise ETF auf den MSCI World – zu investieren als in riskantere Einzeltitel.

Doch auch bei der Risikostreuung liegen der Untersuchung von RCM zufolge die Männer vorn: 42 Prozent der männlichen Studienteilnehmer verteilten ihr Geld auf verschiedene Anlageformen, bei den weiblichen Befragten seien es nur 26 Prozent.

Bezahlung immer noch ungerecht

Doch warum sind Frauen zögerlicher, ihr Geld in riskantere Produkte anzulegen? Ein Grund könnte darin liegen, dass sie weniger Geld zur Verfügung haben. Nach Angaben des Statistischen Bundesamtes ist der unbereinigte Gender Pay Gap, die Ungleichheit in der Bezahlung, von 2023 auf 2024 zwar gesunken – doch verdienen Frauen pro Stunde im Schnitt immer noch 16 Prozent weniger als Männer. Im Vorjahr betrug der Unterschied 18 Prozent.

Laut Bundesagentur für Arbeit waren im Jahr 2024 außerdem mehr als die Hälfte der Frauen in Teilzeit. Die Teilzeitquote der Männer liegt dagegen bei 13,4 Prozent.

Auf Spitzenposten sitzen nach wie vor mehr Männer

Auch was die gut dotierten Chef-Jobs angeht, liegen weiterhin Männer vorn. Nach einer internationalen Studie von Equileap, einer auf Daten zur Geschlechtergerechtigkeit, Vielfalt und Inklusion spezialisierten Researchagentur aus den Niederlanden, stagniere der ohnehin geringe Anteil an Frauen in Führungspositionen.

Gegenüber 2024 habe sich die Zahl der Frauen im Management kaum verändert, schreibt Equileap im globalen Report zur Gleichstellung von Frauen am Arbeitsplatz. So liege etwa der Anteil der weiblichen CEOs nach wie vor bei nur 7 Prozent.

Wie Frauen finanziell für später vorsorgen können

Ein wichtiges Thema, das regelmäßig im Zusammenhang mit Frauen und Geldanlage zur Sprache kommt, ist das Risiko der Altersarmut. Dass Frauen im Alter häufig weniger Geld zur Verfügung steht, hat zahlreiche Gründe – nicht nur das Sparverhalten oder die schlechtere Bezahlung.

Was die RCM-Studie außerdem herausgefunden hat: Frauen haben tendenziell ein geringeres Interesse an Geldanlagen als Männer und finden die Materie ziemlich kompliziert. Dazu passt auch die Selbsteinschätzung: Die in der Studie befragten Frauen bewerteten ihr Wissen über Finanzthemen als eher gering, während Männer sich selbstbewusster gäben.

Dazu heißt es bei Raiffeisen Capital Management: Prüfe man das Wissen in Bezug auf Verzinsung, Kaufkraft und

Inflation sowie die Chancen und Risiken einer Anlage konkret ab, schnitten Frauen tatsächlich überwiegend schlechter ab als Männer – oft aber nicht im Ausmaß der eigenen Selbsteinschätzung.

Doch Frauen wissen zumindest um ihre potenzielle Rentenlücke. Von denjenigen der in der RCM-Studie befragten Personen, die sich noch nicht um ihre Altersvorsorge gekümmert haben, wollen deutlich mehr Frauen als Männer sich in den kommenden Jahren mit dem Thema auseinandersetzen.

Viel zu wissen hilft nicht unbedingt viel

Wer sich an der Börse auskennt, will das beim Geldanlegen gern umsetzen – in der Hoffnung auf höhere Renditen. Wissen ist zwar nützlich, doch gute Streuung ist am besten.

Zeitungen, Finanznewsletter und Magazine, Börsenbriefe, Finfluencer und Podcaster: Die Medien sind voll mit Analysen von Geschäftsmodellen, Absatzmärkten, Dividendenschätzungen, Gewinnrechnungen, Cash Flows, Umsatzprognosen, ausgefeilten Kennzahlen und nicht zuletzt Meinungen von Aktienanalysten mit den neuesten Aktientipps.

Folgende Schlagzeilen kommen Ihnen vielleicht bekannt vor: „Die 6 Aktien, die Sie dieses Jahr brauchen", „Starmanager nennt seine aktuellen Favoriten", „5 Aktien, die vom neuen Trend besonders profitieren werden".

Einige Leser denken sich vielleicht: „Wenn ich da wirklich tief eintauche, dann weiß ich mehr als der Durchschnitt und kann meine Geldanlage selbst in die Hand nehmen – und zwar erfolgreich!". Andere sind eher abgeschreckt: „Uh, das ist mir zu viel, zu kompliziert, zu zeitraubend. Ich will mich damit nicht beschäftigen. Ich überlasse die Geldanlage lieber Fondsmanagern, die sich damit auskennen und die sich Unternehmen und Wirtschaftszahlen jeden Tag und in Echtzeit anschauen."

Doch ganz so einfach ist es nicht. Fondsmanager sind zwar Fachleute und können Laien die Zusammenstellung eines Aktienkorbes abnehmen, aber besser als der Markt sind sie meist nicht. Mit Markt ist zum Beispiel ein Index wie der MSCI World gemeint, den man in Form eines ETF kaufen kann. Tief einzutauchen hilft auch nicht unbedingt. Im Gegenteil: Auch Leute, die Geldanlage als Hobby betreiben und viel Zeit reinstecken, schaffen es nur selten, den Markt zu schlagen – und langfristig wird es noch unwahrscheinlicher. Das zeigen Studien von Anlegerdepots. Ein Grund dafür ist auch, dass Handelskosten die Rendite schmälern.

Die Kontroll-Illusion

Die Psychologie beschreibt einen weiteren Effekt, der mit viel Wissen einhergeht: den der Kontroll-Illusion. Anleger mit vielen Detailkenntnissen glauben leichter, durch ihr

Wissen Entwicklungen kontrollieren zu können – oder bei Finanzmärkten: voraussagen zu können. Doch das ist ein Irrtum.

Wohlgemerkt: Wissen ist natürlich hilfreich, wenn es um die Geldanlage geht. Was ist ein Fonds, welche Wertpapiere gibt es, wie muss meine Geldanlage aufgestellt sein, welche Risiken gehen mit welcher Anlage einher – solche Grundkenntnisse erleichtern das Finanzleben ungemein.

Uns geht es hier jedoch um Detailwissen über Unternehmen, zur Aktienanalyse, verschiedenen Kennzahlen und Märkten.

Informationen schwierig in Mehrgewinn umwandelbar

In den 1950er Jahren führte Harry Markowitz die Moderne Portfoliotheorie ein, welche auch heute noch den Rahmen für die moderne Kapitalmarktforschung darstellt. Mithilfe seiner Annahmen konnten ziemlich einfache Schlussfolgerungen für eine sinnvolle Geldanlage entwickelt werden.

Eine dieser Annahmen war, dass es im Finanzmarkt keine exklusiven Informationen gibt und sich alle Marktteilnehmer die gleichen Informationen teilen. Oder anders ausgedrückt: Es gibt keine Marktteilnehmer mit Insiderinformationen. Das stimmt natürlich nicht in der Praxis, aber da das Handeln aufgrund von Insiderinformationen in den meisten Ländern strafbar ist, kann die Annahme in der Tat als halbwegs gültig betrachtet werden.

Wenn sich ein Aktienpreis aufgrund aller öffentlichen Informationen im Tauziehen von Angebot und Nachfrage bildet, dann nennt man das auch einen „Marktpreis" – das ist der Preis, den der Markt im Schnitt bereit ist, für die Aktie zu zahlen.

Sogar professionelle Fondsmanager tun sich schwer damit, nicht nur auf Informationen zu reagieren, also quasi hinterherzulaufen, sondern sie besser als der Markt zu antizipieren. Kein Wunder: Das entspricht ja dem Blick in die Glaskugel. Wenn sogar Profis oft daran scheitern, Informationen in einen Mehrgewinn umzumünzen, dann stellt sich für private Investoren erst recht die Frage: Wozu das ganze Analysieren, Datensammeln und Wälzen von Geschäftsberichten?

Für Ambitionierte: Core-Satellite-Strategie

Natürlich bleibt es Anlegern mit Spaß an der Börse unbenommen, sich trotzdem mit Einzelaktien und Trends zu beschäftigen und hier und da anzulegen. Die Autoren dieser Zeilen können das sogar gut nachvollziehen. Da man zwecks guter und wichtiger Streuung jedoch häufig mehr Aktien kaufen müsste, als man sich leisten kann, empfiehlt es sich, einen Kernbaustein mit einem breit streuenden Welt-ETF zu nutzen und nur mit 30 Prozent der gesamten Aktienanlage seinem Spieltrieb zu folgen. Hier kann man dann Einzelaktien kaufen sowie in Themen- oder Branchenfonds investieren.

Diese Herangehensweise wird Core-Satellite-Strategie genannt. Um einen großen Kern als Basis – der Welt-ETF – kreise kleine Satelliten in der Umlaufbahn – die Einzelaktien. Das Bild veranschaulicht gleichzeitig die jeweiligen Größenverhältnisse.

Immer bedenken sollte man dabei: Auch wer neueste Zahlen und Trends beim Anlegen berücksichtigt, nutzt trotzdem nur Informationen, die längst im Markt, sprich eingepreist, sind.

Für alle anderen: Welt-ETF

Wen Börse nicht interessiert, der kann getrost darauf verzichten. Für ihn reicht ein ETF auf den MSCI World Index. Auch das ist eine Lehre aus der Kapitalmarkt- und Portfoliotheorie: Man sollte streuen und anlegen wie der „breite Markt" – weshalb ein weltweit anlegender Indexfonds die erste Anlaufstelle ist.

Fazit: Grundwissen hilft, mehr ist unnötig

Für private Anlegerinnen und Anleger ergibt sich eine klare Erkenntnis: Sie benötigen für erfolgreiche Investitionen im Aktienmarkt kein Detailwissen zu einzelnen Firmen und Märkten! Vieles, was dazu tagein tagaus publiziert wird, ist nichts als Rauschen in der Welt der Informationen. Klingt gewagt? Analysen und Untersuchungen der letzten Jahre haben es immer wieder gezeigt.

Das heißt natürlich nicht, dass jegliches Finanzwissen überflüssig ist. Im Gegenteil: Über ein gewisses Grundwissen zu verfügen, ist essenziell für eine gute Geldanlage. Aber es sind nicht die Tagesmeldungen, die einem weiterhelfen.

Aktien und Fonds im Mai verkaufen – was ist dran?

„Sell in May and go away" lautet eine der bekanntesten „Börsenweisheiten". Wir haben überprüft: Sollten sich MSCI-World-Anleger daran halten und im Mai alles verkaufen?

Verkaufe im Mai und halte dich von der Börse fern – den Spruch haben viele Anlegerinnen und Anleger schon mal gehört. Häufig verbunden mit dem Zusatz „... but remember to come back in September". Man solle also nicht vergessen, im September wieder einzusteigen.

Begründet wurden die schwachen Monate Mai bis August damit, dass die Börsenhändler damals in den Sommerurlaub gingen. So hätte es weniger Nachfrage nach Aktien geben können und die Kurse könnten entsprechend schwächer gewesen sein. Das Argument wirkte schon damals etwas bemüht. Aber gilt das noch heute? Ist der Mai auch heute noch ein schlechterer Börsenmonat, insbesondere, wenn man marktbreit mit einem MSCI World ETF investiert?

Auch der Mai positiv

Zur Überprüfung der These haben wir uns jeweils den Monat Mai angeschaut, seit es Daten zum MSCI World gibt: von Mai 1970 bis zum Mai 2022. Im Mittel gab es auch im Mai positive Renditen zu erwirtschaften: +0,78

Prozent. Das ist sogar etwas mehr als der Mittelwert über alle Monate seit Ende 1969 (+0,73 Prozent). Hätte man also Anfang Mai verkauft, hätte man diese Renditen nicht mitgenommen. Und auch die Anzahl der positiven Monate Mai (31) überwiegt die Anzahl der Monate Mai mit Verlusten (22).

Ist es in den USA anders?

Aber wie sieht es für einen typischen US-Index aus – schließlich kommen viele der Börsenweisheiten aus den USA? Auch für den US-Aktienindex S&P 500 ergibt sich – mit Daten für den Total Return Index seit Mai 1988 in Dollar – das gleiche Bild: +1,24 Prozent im Schnitt im Mai. Wenn man sich nur den Preisindex (ohne Dividenden der im Index enthaltenen Aktien) anschaut, gibt es Daten schon seit 1964. Und ja: Dort ist die Mairendite im Schnitt bis Anfang der 1990er Jahre negativ. Aber das ist wegen der fehlenden Dividenden eine wenig aussagekräftige Analyse.

Renditen auch im Sommer

Auch für die Sommermonate Juli und August zeigt sich für den MSCI World im Durchschnitt ein positives Bild. Warum Anleger diese Renditen nicht mitnehmen sollten, ist also unklar. Andersherum gab es auch in den Monaten von September bis Mai immer wieder krasse Abstürze. Die Corona-Finanzkrise 2020 etwa ging im Februar los. Die Kurse stürzten bis März ab und erholten sich dann wieder. Hätte man 2020 im Mai verkauft und im September zurückgekauft, hätte man einen ordentlichen Teil dieser

Erholung verpasst und hätte sich zu deutlich teureren Kursen wieder eindecken müssen. Zudem können Orderkosten je nach Depot-Modell die Rendite zusätzlich schmälern.

Fazit: Börsenweisheit besser ignorieren

„Sell in May and go away" ist ein weiteres Beispiel dafür, dass die Börse nicht so einfach ist, wie es manche Sprichwörter oder auch manche vermeintliche Börsen-Gurus suggerieren. Diese Börsenweisheit können Anlegerinnen und Anleger getrost ignorieren.

Im Schnitt hat es sich bisher gelohnt, auch im Mai an der Börse investiert zu sein – zumindest, wenn man sich den MSCI World oder den US-Markt anschaut. Das mag in anderen Ländern oder Regionen und in ausgewählten Perioden anders gewesen sein. Aber ohne plausible Erklärung, warum ausgerechnet der Mai ein schlechterer Börsenmonat als die anderen sein sollte, sind solche Ergebnisse als Zufall zu betrachten, nicht als ein geheimnisvoll gültiges Muster.

Anlegerinnen und Anleger sollten also bei ihrer Strategie bleiben und ohne unnötiges Handeln mit einem Welt-ETF in den breiten Weltaktienmarkt investiert bleiben oder – falls Sie die Strategie des Pantoffel-Portolio verfolgen – ab und zu die richtige Gewichtung wiederherstellen. Wer mit einem ETF-Sparplan spart, sollte diesen sowieso einfach laufen lassen und sich über schwächere Marktphasen freuen, um zu günstigeren Kursen einzukaufen.

Alternative Anlageformen

Investieren in Gold

Nie war Gold so teuer wie heute. Ist es da nicht sinnvoll, sich von Altgold zu trennen? Oder doch eher nachkaufen? Wir haben Tipps für Goldkäufer wie Goldverkäufer.

Seit einigen Jahren nun steigt der Goldpreis nahezu unaufhörlich. Für eine Feinunze (ca. 31,1 Gramm) der populären Krügerrandmünze zahlte man im August 2025 fast 3000 Euro. Auch in seiner „Stammwährung" US-Dollar kostet das Edelmetall mehr als je zuvor. Das kann sich allerdings abrupt ändern: Wie der Blick in die Vergangenheit zeigt, mussten Goldanleger in den vergangenen Jahrzehnten regelmäßig heftige Rückschläge verdauen.

Breitere Risikostreuung, aber kein Renditeturbo

Aus Sicht unserer Finanz-Expertinnen und -Experten ist es sinnvoll, seinem Vermögen etwas Gold beizumischen. Ein Depotanteil von etwa 10 Prozent ist vertretbar. Da die Preisentwicklung des Edelmetalles oft anders verläuft als die an den Aktienmärkten, wird das Depot dadurch insgesamt stabiler. Allerdings sollte man sich von Gold keine glanzvollen Renditen erhoffen. Mit einer breit gestreuten Aktienanlage konnte es langfristig nicht konkurrieren.

Größte Sicherheit mit Barren und Münzen

Goldkäufer können zwischen physischem Goldbesitz und Goldwertpapieren wählen. Barren und standardisierte Münzen wie der Krügerrand, American Eagle oder die kanadische Maple Leaf bieten gerade in Krisenzeiten die größte Sicherheit – sofern sie nicht geklaut werden.

Ein hochwertiger Tresor oder ein Bankschließfach sind deshalb dringend zu empfehlen, was erhebliche Folgekosten mit sich bringt.

Gold-ETC sind preiswert und sehr praktisch

Wer auf den physischen Goldbesitz verzichten kann, findet in Gold-ETC eine preiswerte und sehr praktische Anlagealternative. ETC (Exchange Traded Commodities, auf deutsch börsengehandelte Rohstoffe) haben große Ähnlichkeit mit börsengehandelten Indexfonds, sogenannten ETF. Gold-ETC sind beim Kauf konkurrenzlos preiswert und für Wertpapierdepots sehr praktisch, da sie jederzeit handelbar sind und sich problemlos ein konstant hoher Goldanteil herstellen lässt.

Nachteil: Bei Gold-ETC handelt es sich rechtlich gesehen nur um Schuldverschreibungen, die ein Pleiterisiko haben. Wir sehen diese Gefahr aber als gering an, wenn die Gold-ETC mit echten Barren abgesichert sind. Wir stellen ausschließlich solche ETC vor.

Verkauf von Altgold hat Tücken

In einem kleinen Praxistest haben wir ausprobiert, wie sich Altgold verkaufen lässt. Vor allem für Goldschmuck wurden uns von Geschäft zu Geschäft sehr unterschiedliche Preise geboten. Man sollte also Colliers, Ketten oder Ringe nicht dem erstbesten Händler überlassen, sondern mehrere Angebote einholen. Bei einem Armband, das wir testweise zum Verkauf angeboten haben, lag die Spanne der Angebote zwischen rund 1500 und fast 2130 Euro.

Selbst beim Verkauf standardisierter Goldmünzen heißt es aufpassen. Für eine Maple-Leaf-Feinunze hätten wir je nach Geschäft Abschläge von etwa 50 bis 100 Euro hinnehmen müssen, weil sie einen marginalen Kratzer aufwies. Man sollte die Münzen deshalb möglichst in der Originalverpackung lassen.

Goldminen-ETF sind sehr spekulativ

Aktien von Goldminenkonzernen gelten bei vielen Goldfans als Geheimtipp, um von steigenden Goldpreisen gewissermaßen mit Hebelwirkung zu profitieren. Das hat in der Vergangenheit nicht zuverlässig geklappt, da die Kurse solcher Aktien auch von vielen anderen Faktoren abhängen.

Anlegerinnen und Anleger sollten bei Goldminenunternehmen auf sehr hohe Kursschwankungen gefasst sein, selbst wenn man sie „im Paket" als ETF auf einen Goldminenindex kauft. Für kurzfristige Spekulationen können Goldminen-ETF interessant sein, eine sinnvolle Alternative zu einer echten Goldbeteiligung sind sie nicht.

Wer Gold will, sollte Goldminenaktien meiden

Von Goldminenaktien erhoffen sich Börsenfreaks glänzende Gewinne. Diese Wette ist unsicher und kann nach hinten losgehen, wenn der Goldpreis schwächelt.

Die Frage, ob Gold eine Vermögensanlage bereichert oder nicht, lässt sich lang und kontrovers diskutieren. Es gibt eine große Fangemeinde, die das Edelmetall für unverzichtbar hält. Bei nüchterner Betrachtung war Gold einem Aktieninvestment historisch gesehen aber weit unterlegen. Als Renditebringer hat es sich nicht ausgezeichnet.

Doch es gibt ein anderes stichhaltiges Argument für die Goldbeimischung: Der Wert des Edelmetalls entwickelt sich oft völlig anders als die Kurse von Aktien oder Anleihen. Diese Gegenläufigkeit ist günstig für ein Anlageportfolio, denn es erhöht seine Stabilität.

Wer also seine Geldanlage möglichst breit aufstellen möchte, macht mit einer etwa 5- bis 10-prozentigen Goldbeimischung keinen Fehler.

Aufwand mit physischem Gold

Besonders beliebt ist der physische Goldbesitz, denn er verheißt Anlegern, die sich vor Bankpleiten oder Währungsreformen fürchten, maximale Sicherheit. Wenn es nur so einfach wäre. Da Gold nicht nur in Museen oder Kunstausstellungen ein begehrtes Diebesgut ist, wäre eine ungesicherte Aufbewahrung höchst leichtsinnig. Besitzer von Goldbarren oder -münzen müssen sich also einen hochwertigen Tresor anschaffen oder ein Schließfach bei einer Bank oder einem spezialisierten Dienstleister mieten, was nicht gerade billig ist. Abgesehen von dem Problem, dass man in einer Megakrise vielleicht doch nicht so einfach an sein fremdverwahrtes Gold herankäme.

Gold-ETF in Deutschland nicht zugelassen

Es gibt also gute Gründe, auch bei der Goldanlage auf Wertpapiere zu setzen. Die Ideallösung wäre ein Gold-ETF, wie er in den Vereinigten Staaten oder in der Schweiz gang und gäbe ist. Leider nicht in Deutschland, wo regulatorische Hürden verhindern, dass ein ETF ausschließlich in Gold investieren darf. In unserer Fondsdatenbank haben wir aktuell nur einen aktiv gemanagten Fonds auf den Goldpreis, den HansaGold von HansaInvest.

Als akzeptabler und sehr preisgünstiger Ausweg stehen Gold-ETC wie Xetra-Gold oder Euwax-Gold zur Verfügung. Ihnen haftet aber der Makel an, dass es sich rechtlich gesehen nur um Schuldverschreibungen handelt.

Goldminenfonds als Dauergeheimtipp

Auf der Suche nach ETF-Alternativen landen Anleger nicht selten bei Goldminenfonds. Diese enthalten Aktien von Unternehmen, die Gold fördern. Bekannte Konzerne sind zum Beispiel Newmont Mining, Barrick Gold oder Agnico Eagle Mines.

Wenn es einen Dauerbrenner unter den „Geheimtipps" für Börsenfans gibt, dann sind es Goldminenaktien. Anleger versprechen sich von ihnen glänzende Renditen, wenn der Goldpreis nach oben geht. Die Gewinne der Unternehmen, so das Kalkül, würden bei stark steigendem Goldpreis gewissermaßen explodieren. Das ist teilweise richtig, aber allenfalls die halbe Wahrheit.

Lange Verlustphase beim Minenindex

Es gibt verschiedene Goldminenindizes, einer mit einer längeren Wertentwicklungshistorie ist der Refinitiv Global Gold Index. Es gibt wenige Anlageklassen, die kurzfristig ähnlich starke Anstiege aufwiesen. Allerdings birgt ein Investment in Goldminen auch hohe Risiken: Zwischen Dezember 2010 und August 2015 fiel der Goldminenindex um 70 Prozent.

Während einer Goldpreisrallye haben Goldminenaktien hohes Gewinnpotenzial, in den vergangenen zehn Jahren waren sie aber deutlich schwankungsanfälliger als der Goldpreis. In Spitzenjahren konnte man mit Goldminenaktien weit über 50 Prozent verdienen, was mit einer Anlage in das Edelmetall selbst nicht möglich war. Doch das setzte ein goldenes Händchen beim Kauf- und Verkaufszeitpunkt voraus.

Was bei Goldminenaktien überhaupt nicht funktioniert, ist das Kostolany-Rezept „Buy and hold“. Unsere Untersuchungen haben ergeben, dass Anlegerinnen und Anleger von Goldminen-ETF bis zu 70 Prozent ihres Einsatzes hätten verlieren können. Mit Gold war der maximale Verlust nur etwa halb so groß, hier hätten Anleger bis zu 37 Prozent verloren (in Euro gerechnet, auf der Basis von Monatsendwerten).

Bei dem bekannten Einzelunternehmen Barrick Gold betrug der maximale Verlust innerhalb der vergangenen 20 Jahre sogar 85 Prozent. Goldminen erwiesen sich für viele Anleger als lausiges Investment.

Mehrere Indizes stehen zur Wahl

Mit Fonds auf Goldminenaktien lässt sich das Risiko gegenüber Einzeltiteln zumindest etwas vermindern. Wer das machen möchte, setzt am besten auf ETF. Wichtige Indizes sind: NYSE Arca Gold Miners, NYSE Arca Gold Bugs, S&P Commodity Producers Gold und Refinitiv Global Gold.

Auf die ersten drei genannten Indizes gibt es auch ETF, allerdings sind die Indizes nicht sehr alt. Eine gemeinsame Historie gibt es erst seit 2013. Hier eine Liste aller Goldminen-ETF aus unserem Fondsfinder (test.de/fonds):

→ **iShares Gold Producers,** Isin IE00B6R52036

→ **VanEck Gold Miners,** IE00BQQP9F84

→ **Amundi Lyxor NYSE Arca Gold Bugs DR,** LU0488317701

→ **L&G Gold Mining,** IE00B3CNHG25

→ **Market Access NYSE Arca Gold Bugs,** LU0259322260

→ **UBS Solactive Global Pure Gold Miners,** IE00B7KMNP07

→ **VanEck Junior Gold Miners,** IE00BQQP9G91

→ **HANetf AuAg ESG Gold Mining,** IE00BNTVVR89

Kein konstanter Gleichlauf mit dem Goldpreis

Besonders ärgerlich ist es aus Sicht von Anlegerinnen und Anlegern, wenn man die richtige Idee hatte, aber die Umsetzung dennoch nicht klappt. Zwar laufen die Kurse von Goldminenaktien meist in dieselbe Richtung wie der Goldpreis, aber verlassen kann man sich darauf nicht. Die sogenannte Korrelation über drei Jahre schwankte im Zeitverlauf deutlich.

Geschäftserfolg schwer kalkulierbar

Es ist auch aus anderen Gründen fraglich, ob sich diese Branche überhaupt für Normalanleger eignet. Selbst gut informierte Investoren tun sich schwer, den „wahren" Wert eines Goldminenkonzerns abzuschätzen. Irgendwann sind die Reserven einer Mine erschöpft, manchmal versiegen sie viel früher als erwartet.

Solange das Gold vom Minenbetreiber nicht aus der Erde geholt worden ist, ist unklar, um welche Mengen es sich handelt und welche Reinheit es hat. Bei den Goldreserven im Abbaugebiet handelt es sich eher um grobe Schätzungen als um exakte Wissenschaft. Dazu kommen zum Beispiel politische Risiken, wenn die Minen in Problemzonen liegen, und Unwägbarkeiten bei den Energie- und Förderkosten.

Alles andere als nachhaltig

Für ethisch-ökologisch orientierte Anlegerinnen und Anleger sind Goldminenaktien noch heikler als ein Goldinvestment. Während sie beim Edelmetall immerhin auf

Recyclingvarianten oder Barren mit Nachhaltigkeitszertifikat ausweichen können, ist ein Engagement in die Goldförderung fast immer hochproblematisch.

Und welche Privatanlegerin, welcher Privatanleger will schon ergründen, welche Konzerne etwas weniger Umweltschäden anrichten als andere? Gar nicht zu reden von den Arbeitsbedingungen, denen Beschäftigte oft ausgesetzt sind.

Lohnt sich eine Börsenwette auf seltene Erden?

Die Metalle der Seltenen Erden werden für Haushaltselektronik gebraucht, aber auch für Medizintechnik, Solaranlagen und mehr. Taugen sie auch als Anlageidee?

Die USA sind bislang ein wichtiger Unterstützer und Waffenlieferant für die Ukraine in deren Kampf gegen den Aggressor Russland. Nach langem Ringen haben die USA mit der Ukraine einen „Deal“ geknüpft, bei der die Ukraine sogenannte seltene Erden an die USA liefern soll.

Bereits während der ersten Präsidentschaft Trumps rückten seltene Erden in den Fokus, als man befürchtete, China könnte deren Export einschränken – als Vergeltungsmaßnahme für US-Zölle. Aber was macht seltene Erden so wertvoll? Und können Privatanlegerinnen und -anleger davon profitieren?

Das sind seltene Erden

Als seltene Erden werden bestimmte Metalle bezeichnet. Insgesamt 17 Elemente werden zu den seltenen Erden gezählt. Sie haben unterschiedliche Anwendungszwecke in der Industrie. Die Rohstoffe werden zum Beispiel für die Produktion moderner Technologie wie Halbleiter, Smartphones und Elektroautos benötigt. Auch in der Glas- und Keramikindustrie werden sie als Glaspolitur und in optischen Linsen und Gläsern verwendet. Zudem braucht man sie für Magneten, die in der Industrie, für militärische Zwecke und in der Raumfahrt genutzt werden. Lithium, dass vor allem für Batterien verwendet wird, gehört nicht zu den seltenen Erden, sondern wird zu den „strategischen Metallen" gezählt, wie etwa auch Cobalt oder Titanium.

Das sind die seltenen Erden: Cer, Dysprosium, Erbium, Europium, Gadolinium, Holmium, Lanthan, Lutetium, Neodym, Praseodym, Promethium, Samarium, Scandium, Terbium, Thulium, Ytterbium, Yttrium.

Abbau seltener Erden

Der Hauptteil der seltenen Erden wird in China gefördert. Deutlich weniger seltene Erden kommen aus den USA und Australien. Die Ukraine hingegen ist bislang kein relevantes Land bei der Förderung von seltenen Erden.

Der Abbau seltener Erden gilt als umweltschädlich und kompliziert. In Deutschland gibt es in Sachsen seltene Erden, deren Abbau sich aber als nicht wirtschaftlich herausgestellt hat und zudem aus Umweltgründen als bedenklich eingestuft wird.

In seltene Erden investieren

Die Möglichkeiten, als Privatanleger in seltene Erden zu investieren, sind aktuell sehr eingeschränkt. Fonds und Zertifikate legen nicht direkt in seltene Erden an, sondern beziehen sich auf Minengesellschaften, die schwerpunktmäßig seltene Erden fördern. Die in Deutschland kaufbaren Fonds konzentrieren sich dabei nicht nur auf seltene Erden, sondern mischen sie mit Investitionen in Firmen, die auch strategische Metalle wie Lithium abbauen.

Eine Möglichkeit, sich einer Investition in seltene Erden zu nähern, ist der ETF VanEck Rare Earth and Strategic Metals. Der ETF investiert laut Anbieter in Aktien von Unternehmen, die „mindestens 50 Prozent ihrer Umsätze aus seltenen Erden oder strategischen Metallen erzielen oder die über Bergbauprojekte verfügen, die das Potenzial haben, nach ihrer Entwicklung mindestens 50 Prozent ihrer Umsätze aus seltenen Erden oder strategischen Metallen zu erzielen". Der Index umfasst Aktien von Raffinerien, Recyclern und Produzenten von seltenen Erden und strategischen Metallen.

So hätte sich eine Investition in der Vergangenheit entwickelt

Die Erfolge einer Investition in Unternehmen, die mit seltenen Erden zu tun haben, waren in der Vergangenheit sehr gemischt. Nach der Finanzkrise gab es eine Handvoll Zertifikate auf seltene Erden und ein paar Fonds einschließlich ETF. Aber dem Kurshoch 2011 folgte ein enormer Einbruch, und die Produkte verschwanden vom Markt – typisch für Trendthemen.

Der MVIS Global Rare Earth/Strategic Metals Index, auf den sich der VanEck Rare Earth and Strategic Metals ETF bezieht, wurde 2021 aufgelegt. Von April 2022 bis Juli 2025 ging es aber relativ stetig nach unten. Obwohl das Thema politisch in den vergangenen Jahren an Relevanz zugenommen hat, wäre eine Investition eine schlechte Idee gewesen. Auf Drei-Jahres-Sicht hat der ETF über 50 Prozent an Wert verloren.

Einen deutlich kleineren Anteil an Unternehmen, die seltene Erden fördern, haben die ETF iShares Essential Metals Producers und Carne Global X Disruptive Materials sowie der aktiv gemanagte Fonds 1741 Structured Solutions Next Generation Resources.

Sie finden diese Fonds in unserem Fondsfinder unter test.de/fonds, im Bereich „Fondsgruppen", „Aktien Branchen", „Aktien Rohstoffe Industriemetalle Welt".

Diese Risiken haben Anlagetrends

Mit seiner Wertentwicklung reiht sich der Seltene-Erden-ETF ein in eine Reihe von ETF auf mal mehr und mal weniger sinnvolle Anlagetrends, deren Wertentwicklung enttäuschend oder sehr stark schwankend ist. Populär war eine Zeit lang etwa der iShares Global Clean Energy ETF, der auf Unternehmen für erneuerbare Energien setzt. Nachdem es mehrere Jahre bergauf ging, hat der ETF über die letzten drei Jahre bis Juli 2025 über 30 Prozent an Wert verloren.

Wer etwa auf die Krypto- und Blockchain-Unternehmen setzen wollte, konnte beim ETF VanEck Crypto and Blockchain Innovators landen, der zwar von seinem Tiefstand im April 2025 eine spektakuläre Rendite von 110 Prozent bis Juli 2025 hingelegt hat, dessen Wert von 2021 bis 2023 aber auch schon mal um 90 Prozent eingebrochen ist. Das hält nicht jeder Anleger entspannt aus. Nur weil ein Thema in der medialen Diskussion ist oder in Zukunft eine größere Rolle spielen wird, bedeutet das nicht zwangsläufig steigende Aktienkurse.

Seltene Erden sind außerdem ein Nischeninvestment. Die Firmen kommen meist aus China und sind sehr klein, das Risiko ist hingegen sehr hoch.

Als Beimischung für Risikobereite

Das zeigt: Die Investition in solche Trendthemen kann tolle Renditen bringen – aber auch für fürchterliche Abstürze sorgen. Die Wertentwicklung kann extrem auf einzelne Faktoren wie politische Ereignisse, den Fund neuer Vorkommen oder die Weiterentwicklung industrieller Verfahren reagieren. Anlegerinnen und Anleger sollten solche Anlageideen daher kritisch betrachten und sie mit maximal 10 Prozent zu einem breit aufgestellten, weltweit anlegenden Portfolio beimischen. Breiter aufgestellt als der Seltene-Erden-ETF sind Rohstoff-ETF, die unter anderem auf Erdgas, Gold, Soja und Kupfer setzen.

Für ethisch-ökologisch orientierte Anleger ist die Investition in seltene Erden nicht empfehlenswert, da die Förderung und Verarbeitung der Materialien als umweltschädlich gelten. Der größte Förderer China setzt seine Vormachtstellung beim Thema seltene Erden zudem als politisches Druckmittel ein.

Rüstungs-ETF – Investment mit ethischen Fragezeichen

Großer Hype um Rüstungsaktien: Während die einen Anlegerinnen und Anleger lukrative Investments wittern, fürchten andere, dass ihr Nachhaltigkeitsfonds gegen ihren Willen nun in Waffen investiert.

Auf der ganzen Welt geben die Länder mehr Geld für Waffen und Rüstung aus. Nach Angaben des schwedischen Friedensforschungsinstituts SIPRI sind die Militärausgaben der Staaten 2024 weltweit um 9,4 Prozent gestiegen, in Europa sogar um 17 Prozent. Insgesamt flossen weltweit rund 2,7 Billionen US-Dollar in Waffen und Rüstung, das sind etwa 2,4 Billionen Euro. Europäische Staaten gaben rund 600 Milliarden Euro aus. Vor diesem Hintergrund sind Aktien von Waffenherstellern stark gestiegen. Die Fondsindustrie hat reagiert und eigens Themenfonds für Rüstung auf den Markt gebracht, einige Nachhaltigkeitsfonds haben ihre Ausschlusskriterien geändert.

Fondsindustrie setzt auf Entwicklung auf

Dieses Kapitel gibt einen Überblick über die Entwicklungen, die neuen Rüstungs-ETF und Tipps für nachhaltig orientierte Anlegerinnen und Anleger, die nicht in Waffen und Rüstung investieren wollen.

Die Aktien von Waffenherstellern haben sich durch die weltweit zunehmenden Kriege und Konflikte überdurchschnittlich entwickelt. Das gilt insbesondere für europäische Konzerne. Rheinmetall konnte seit 2022 starke Kursgewinne verbuchen. Der Kurs verzeichnete seitdem einen enormen Anstieg.

Die hohen Kursgewinne haben das Interesse der Anleger geweckt. Das wiederum rief die Fondsindustrie auf den Plan. Die ersten Rüstungs-ETF kamen vor zwei Jahren auf den Markt. Die beiden ältesten weltweit anlegenden Rüstungs-ETF sind der VanEck Defense und der HANetf Future of Defense, aufgelegt im März und im Juli 2023. Die anderen vier kamen 2024 auf den Markt. Der VanEck Defense ETF hat Stand 31. Mai 2025 rund 5,4 Milliarden Dollar eingesammelt, das entspricht etwa 4,7 Milliarden Euro. Der HANetf Future of Defense verwaltet rund 2,1 Milliarden Euro.

Die beiden ETF, die sich auf den europäischen Markt konzentrieren, sind im März und April 2025 an den Start gegangen. Mittlerweile sind fünf weitere europäische Rüstungs-ETF aufgelegt worden.

Auf Sicherheit ausgerichtete Fonds

Im Februar dieses Jahres startete die Deka den aktiv gemanagten Fonds Deka Security and Defense. Der Fonds investiert nicht nur in die Rüstungsbranche, sondern auch in Sicherheitsdienstleistungen wie IT-Sicherheit oder Versicherungen. Geächtete Waffen sind außen vor.

Die größte Position ist aktuell Rheinmetall (Stand 31. Mai 2025). Im Dezember 2024 kam der LBBW Sicher leben auf den Markt. Auch er widmet sich den Themen IT-Sicherheit und Rüstung. Der größte Wert in diesem Portfolio ist der amerikanische Hersteller von Flugzeugtriebwerken, GE Aerospace.

Waffen in nachhaltigen Fonds

In Deutschland haben die Bankenverbände, der Zertifikate- und der Fondsverband gemeinsame Regeln für den Vertrieb nachhaltiger Finanzprodukte entwickelt. Dieses sogenannte ESG-Zielmarktkonzept hat sich nun dahingehend geändert, dass Rüstungswerte in nachhaltigen Produkten, etwa in Fonds, fortan erlaubt sind.

Nicht erlaubt in nachhaltigen Fonds sind allerdings Investitionen in kontroverse Waffen wie Landminen oder Streumunition. Ähnlich die Regelungen der EU: Die neuen Namensvorschriften der Wertpapieraufsichtsbehörde ESMA für grüne Fonds sehen ein Verbot nur für geächtete Waffen vor (siehe auch „Strenge Namensregeln für grüne Fonds", S. 102).

Bei Deka und Union ist Rüstung in nachhaltigen Fonds ausgeschlossen

Bei Union Investment sind in sämtlichen Publikumsfonds Investitionen in Firmen nicht gestattet, die eine Beteiligung an geächteten Waffen sowie eine direkte Beteiligung an Atomwaffen und -systemen aufweisen. Fonds ohne Nachhaltigkeitsstrategie können in Hersteller konventioneller Waffen investieren. In den nachhaltigen Publikumsfonds sind Aktien und Anleihen von Unternehmen aus der Rüstungsbranche dagegen ausgeschlossen. Waffen seien zwar in vielen Fällen notwendig, heißt es bei Union, „aber sie sind nicht nachhaltig".

Bei der Deka sind Rüstungskonzerne in nachhaltigen Fonds ebenfalls ausgeschlossen.

Allianz GI erlaubt Rüstungsgüter in bestimmten Fonds

Auch Allianz Global Investors hält Rüstungsinvestitionen nicht für nachhaltig. Allerdings erlaubt Allianz GI seinen nach Artikel 8 der EU-Offenlegungsverordnung eingestuften Fonds nun, in bestimmte Rüstungsgüter und zugehörige Dienstleistungen anzulegen. Ein Grund seien die geopolitischen Veränderungen, die mehr Investitionen erforderten. Artikel 9-Fonds sind nicht von der Änderung betroffen. Geächtete Waffen bleiben weiterhin ausgeschlossen.

Die Offenlegungsverordnung der EU

Die Offenlegungsverordnung enthält Regeln über Transparenzpflichten über Nachhaltigkeitsrisiken. Anbieter sollen ihre Fonds in eine von drei Kategorien einstufen: Artikel 6, Artikel 8 oder Artikel 9. Eine Einstufung nach Artikel 8 bedeutet, dass der Fonds nachhaltige Aspekte berücksichtigt. Eine Einstufung nach Artikel 9 heißt, dass die Fonds bestimmte nachhaltige Ziele verfolgen.

Die meisten Nachhaltigkeitsfonds sind dem Artikel 8 zugeordnet. Bisher beinhaltet die Einstufung keine Einordnung der Fonds in „streng“ oder „weniger streng“. Auch in unserer Untersuchung nachhaltiger Fonds konnten wir nicht feststellen, dass Artikel-9-Fonds nachhaltiger sind als Artikel-8-Fonds – oder umgekehrt. Unter den Testsiegerfonds gibt es beides.

Die DWS legt verschiedene Nachhaltigkeitsfilter an

Die Fondsgesellschaft DWS unterscheidet ihre Artikel-8-Fonds in zwei Kategorien: Bei Fonds, die den hauseigenen „Basic Exclusions Filter" anwenden, sind künftig Anlagen in Rüstungswerte erlaubt.

Bei Fonds, die das Kürzel ESG (Environment, Social, Governance) oder nachhaltigkeitsbezogene Begriffe im Namen führen und den sogenannten „ESG Investment Standardfilter" der DWS nutzen, sind Investitionen in Rüstungsfirmen weiterhin ausgeschlossen. In beiden Fonds-Kategorien bleiben außerdem Investitionen in geächtete Waffen ausgeschlossen.

Ethische Banken gegen Waffen in Nachhaltigkeitsfonds

Die nachhaltige GLS Bank sowie sieben Kirchenbanken (Bank für Kirche und Caritas, Bank im Bistum Essen, Darlehenskasse Münster, Evangelische Bank, KD-Bank, Pax-Bank, Steyler Ethik Bank) haben sich gegen das ESG-Zielmarktkonzept positioniert: „Investitionen in Rüstung sind notwendig, aber nicht nachhaltig", schreiben sie in einem gemeinsamen Papier, das auch vom Branchenverband FNG (Forum für nachhaltige Geldanlagen) unterstützt wird.

Die Banken sprechen sich gegen die Aufnahme von Rüstungskonzernen in ethisch-nachhaltige Finanzprodukte aus. Der Einsatz von Waffen und Rüstungsgütern zerstöre Leben, die Zivilgesellschaft, die Umwelt und Infrastrukturen, heißt es.

Hinzu kommt: Viele nachhaltig orientierte Anlegerinnen und Anleger wollen kein Geld mit Waffen und Rüstung verdienen – zumal die Waffenhersteller ihre Produkte häufig auch in Konfliktgebiete ausliefern.

Nachhaltigkeitskriterien der Stiftung Warentest: Bei Rüstung streng

In der Nachhaltigkeitsbewertung der Stiftung Warentest unterscheiden wir zwischen geächteten und konventionellen Waffen. Wir wenden ein zweistufiges Verfahren an. Zunächst legen wir folgende Knock-Out-Kriterien an:

Es gibt nur einen Punkt von fünf möglichen, wenn das Portfolio Hersteller von geächteten oder Nuklearwaffen enthält.

Es gibt zwei Punkte unter anderem dann, wenn Unternehmen im Portfolio sind, die mehr als 5 Prozent ihres Umsatzes mit der Produktion von zivilen Schusswaffen und konventionellen Waffen erzielen.

Bei unserer Untersuchung von nachhaltigen Aktienfonds im Herbst sind 27 Prozent der getesteten Fonds an den auf Waffen und Rüstung bezogenen Knock-Out-Kriterien gescheitert.

Auch in der weiteren Bewertung sind wir streng: Das Ausschlusskriterium für kontroverse Waffen gilt nur dann als voll erfüllt, wenn die Fonds geächtete und kontroverse Waffen auch in ihrem Nachhaltigkeitsansatz explizit ausschließen. Bei konventionellen Waffen gilt der Ausschluss als voll erfüllt, wenn die Fonds nicht in Unternehmen investieren, die mehr als 5 Prozent ihres Umsatzes mit Waffen oder Rüstung erzielen. Diese Toleranzschwelle ist branchenüblich und trägt dem Umstand Rechnung, dass nicht alle Tätigkeiten eindeutig zugeordnet werden können. Manche Güter können beispielsweise sowohl militärisch als auch zivil genutzt werden.

Fondsfinder: Mit oder ohne Rüstungsinvestments

Wer Rüstungsinvestitionen vermeiden will, schaut sich die von uns bewerteten Nachhaltigkeitsfonds an. Die strengsten Fonds haben Waffen sämtlicher Art ausgeschlossen. Für Anleger, die mit unserem Pantoffel-Portfolio sparen: Die besten ETF haben geächtete Waffen komplett ausgeschlossen und konventionelle Waffen zumindest zum Teil. Der Ausschluss hier ist also etwas weniger streng.

Ausblick unsicher

Ob die Entwicklung so weitergeht oder ihren Höhepunkt schon überschritten hat, können wir nicht sagen. In der Vergangenheit kamen Themenfonds oft spät oder zu spät auf den Markt. Vor wenigen Jahren etwa erfasste ein Hype die Erneuerbaren Energien. Anleger investierten Milliarden in entsprechende Fonds, doch kurze Zeit später drehten die Kurse ins Minus.

Beim jetzigen Run auf Rüstungswerte lautet das Argument, dass die geopolitische Lage noch jahrelange Investitionen erfordern wird. Es ist jedoch unklar, wie viel der künftigen Gewinnerwartungen bereits in den Kursen steckt.

Themenfonds prüfen im Fondsfinder

Falls Sie in Themenfonds investieren wollen, mischen Sie sie nur zu einem geringen Teil bei. Bei Einzelaktien ist noch größere Vorsicht geboten.

Einzelheiten – etwa sämtliche Ausschlusskriterien eines Fonds – finden Sie auf der jeweiligen Einzelansicht der Fonds. Nach bestimmten Ausschlusskriterien wie etwa dem Ausschluss kontroverser Waffen können Sie gezielt filtern. Klicken Sie dazu im Fondsfinder unter test.de/fonds auf „Weitere Filter" und „Stiftung Warentest: Nachhaltigkeitskriterien".

Wer dagegen gezielt in den Verteidigungssektor investieren will, filtert im Fondsfinder nach Themenfonds Verteidigungstechnologie oder Themenfonds Sicherheit.

Turbo-Zertifikate: Die meisten machen Verluste

Mit Turbo-Zertifikaten lässt sich schnelles Geld machen – oder schnell Kapital vernichten. In der Praxis passiert meist Letzteres. Das ergab eine große Studie der Finanzaufsicht Bafin.

Die Bundesanstalt für Finanzdienstleistungsaufsicht (Bafin) hat sich gründlich mit sogenannten Turbo-Zertifikaten beschäftigt. In einer breit angelegten Studie, die die Jahre 2019 bis 2023 erfasst, ermittelte die Finanzaufsicht, dass etwa drei von vier Anlegern mit Turbo-Zertifikaten Verlust gemacht hatten, im Durchschnitt fast 6400 Euro pro Person. Insgesamt betraf das rund 543000 deutsche Kleinanlegerinnen und Kleinanleger, die im besagten Zeitraum rund 113 Millionen Transaktionen mit Turbo-Zertifikaten ausgeführt hatten. Der Verlust, den alle Kleinanleger im Beobachtungszeitraum zusammengefasst erlitten, betrug mehr als 3,4 Milliarden Euro.

Die Entwicklung des Basiswerts bestimmt das Ergebnis

Turbo-Zertifikate gibt es wie Sand am Meer. Sie haben kein Eigenleben, sondern beziehen sich stets auf einen sogenannten Basiswert. Dabei handelt es sich meist um eine Aktie oder um einen Index. Der namensgebende Turbo ist die Hebelwirkung, mit der das Zertifikat arbeitet.

Steigt oder fällt der Basiswert um, sagen wir, 1,8 Prozent, bringt ein Turbo-Zertifikat mit vierfachem Hebel eine Wertentwicklung von 7,2 Prozent. Bei einem zwölffachen Hebel wären es sogar 21,6 Prozent. Wohlgemerkt in beide Richtungen, denn gehebelt wird sowohl ein Gewinn wie ein Verlust. Und Anlegerinnen und Anleger können mit Turbos auf steigende wie fallende Kurse des Basiswertes wetten.

Der Hebel entscheidet über das Risiko

Für die gängigen Aktien und Indizes gibt es zigtausend Turbo-Zertifikate, unter denen man sich zwischen 1 und über 100 fast jeden beliebigen Hebel aussuchen kann. Allen Turbos gemeinsam ist die sogenannte Knock-out-

Schwelle. Sie bezieht sich stets auf den Basiswert und markiert den Punkt, an dem das Zertifikat wertlos wird.

Je größer der Hebel, desto näher liegt die Knock-out-Schwelle. Ein Turbo mit nur zweifachem Hebel läuft kaum Gefahr, ausgeknockt zu werden, da sich der Basiswert dazu um 50 Prozent verändern müsste. Wenn der Hebel aber bei 50 liegt, sind es nur noch 2 Prozent bis zum Totalverlust. Wertschwankungen dieser Größenordnung sind vor allem bei Aktien nicht nur in turbulenten Börsenphasen an der Tagesordnung. Wer mit großen Hebeln herumspielt, muss damit rechnen, dass sein Zertifikat vielleicht schon Stunden nach dem Kauf wertlos ausgebucht wird.

Nur etwas für Spieler

Keine Frage, Turbo-Zertifikate sind nichts für den langfristigen Kapitalaufbau. In der Bafin-Untersuchung betrug die durchschnittliche Haltedauer bei 70 Prozent der gekauften Produkte weniger als einen Tag. Man kauft solche Produkte normalerweise für kurzfristige Spekulationen, schon wegen der Produktkosten, die auf längere Sicht deutlich zu spüren sind. In von uns beispielhaft analysierten Basisinformationsblättern werden die Kosten nur für die empfohlene Haltedauer von einem Tag ausgewiesen.

Die Geldanlageexperten der Stiftung Warentest sehen Parallelen zu Glücksspielen, die sich ja großer Beliebtheit erfreuen, aber für die meisten Nutzerinnen und Nutzer im Minus enden. Kann man machen, aber niemand sollte sich wundern, wenn das Geld futsch ist. Bei professioneller Nutzung mag das etwas anders aussehen, weil zum Beispiel Vermögensverwalter gehebelte Finanzprodukte sinnvoll zur Risikosteuerung einsetzen können.

Erfahrung hilft nicht weiter

Die Bafin-Studie zeigte auch, dass vermeintlich erfahrene Anlegerinnen und Anleger nicht öfter Gewinne einfuhren. Bei denjenigen, die zwischen zehn und 100 Transaktionen tätigten, lag die Verlustquote bei 76 Prozent, bei besonders eifrigen Tradern, die mehr als 1000 Mal Turbos handelten, betrug sie 91 Prozent. Es scheint also kein Lernprozess durch häufigen Handel mit Turbo-Zertifikaten stattzufinden.

Bafin will den Verkauf beschränken

Die Bafin will Vermarktung und Verkauf von Turbo-Zertifikaten an Kleinanlegerinnen und Kleinanleger stark beschränken. Verkäufer der Finanzprodukte sollen zu einer standardisierten Risikowarnung verpflichtet werden und keine Anreize zum Kauf der Zertifikate geben dürfen.

Anlegerinnen und Anleger müssen nach den Bafin-Plänen künftig eine erweiterte Angemessenheitsprüfung vornehmen und in einem Test mindestens sechs Fragen zum Handel mit Turbo-Zertifikaten beantworten können, bevor sie diese erwerben dürfen. Der Test muss alle sechs Monate wiederholt werden. Die Bafin kann die Vermarktung, den Vertrieb und den Verkauf von Finanzinstrumenten beschränken oder verbieten, wenn der Schutz der Anlegerinnen und Anleger infrage steht.

Fragwürdige Werbeaktionen für Turbo-Zertifikate

Tatsächlich machen viele Direktbanken ihren Kundinnen und Kunden auch hochriskante Produkte durch Werbeaktionen schmackhaft. Wenn man Turbo-Zertifikate völlig kostenlos handeln kann, reizt das zum Ausprobieren.

Entsprechende Sonderaktionen, bei denen die eigene Depotbank mit einem oder mehreren Zertifikateanbietern zusammenarbeitet, gibt es immer wieder. Sie könnten einem Bafin-Verbot zum Opfer fallen. Bis zum 3. Juli 2025 können Anbieter zu den geplanten Maßnahmen Stellung nehmen.

Bitcoin als Geldanlage und Zahlungsmittel

Der Wert eines Bitcoins hat im Juli 2025 zum ersten Mal 120 000 Dollar überstiegen. Wie funktioniert das Kryptogeld? Wo kann man Bitcoins bekommen? Und lohnt sich das jetzt noch?

Am 14. Juli 2025 hat der Bitcoin einen neuen Rekordwert erreicht und die Marke von 120 000 Dollar (102 000 Euro) übersprungen. Die Rekordmarke folgt einem Aufstieg, der mit der Wahl von Donald Trump zum nächsten Präsidenten der USA seinen Anfang nahm. Vor dem Wahlsieg lag der Bitcoin noch bei rund 70 000 Euro. Donald Trump hat mit $TRUMP eine eigene Kryptoanlage aufgelegt und gilt als kryptofreundlich, so dass viele Krypto-Anleger Hoffnungen in seine Amtszeit setzen.

Zudem sind seit 2024 in den USA auch Bitcoin-ETF zugelassen, die es für institutionelle Anleger einfacher machen, in die Kryptoanlage zu investieren. Laut Branchendienst Bloomberg sind im Sommer 2025 große Summen in diese ETF geflossen. Bitcoin-ETF halten tatsächliche Bitcoins und bilden den aktuellen Bitcoin-Kurs ab.

Für Deutschland und Europa sind solche Bitcoin-ETF vorerst nicht zu erwarten. Bitcoin sind keine zugelassene Anlageform für Fonds. Die europäischen Fondsregeln sehen etwa ein Mindestmaß an Streuung der Anlagen für Fonds vor, was mit einer einzigen Kryptowährung nicht gegeben ist. Aus diesem Grund gibt es auch keine Gold-ETF in Deutschland zu kaufen.

Handelbar sind in Deutschland Anlagezertifikate wie ETC (Exchange Traded Commodities) oder ETN (Exchange Traded Notes) auf Kryptowährungen. Diese Wertpapiere sind jedoch Schuldverschreibungen. Der entscheidende Unterschied: Anders als bei ETF sind die Bitcoin bei ETC kein Sondervermögen. Geht der ETC-Anbieter pleite, haben Anleger keinen Anspruch auf „ihre“ Bitcoins.

Existenz virtuell als digitale Zeichenfolge

Der Begriff Bitcoin setzt sich zusammen aus dem Wort für die kleinste digitale Einheit, dem Bit, und dem englischen Wort Coin für Münze. Als Erfinder zeichnet sich ein gewisser Satoshi Nakamoto verantwortlich – wobei bis heute nicht geklärt ist, welcher Kopf sich dahinter verbirgt.

Möglicherweise handelt es sich hier auch um eine Personengruppe.

Von Bitcoins, kurz BTC, gibt es weder Münzen noch Scheine. Sie existieren nur virtuell, als digitale Zeichenfolge. Auch wenn sie gern mit Gold verglichen werden: Hinter ihnen steht kein realer Wert. Neue Bitcoins werden von den Nutzern selbst mithilfe von mathematischen Verfahren erstellt.

Die Guthaben und Zahlungen werden in einem dezentralen Netzwerk verwaltet, der Blockchain. Um eine Überweisung mit Bitcoins zu verbuchen, müssen komplizierte Rechnungen gelöst werden. Wer das als Erster schafft, bekommt Bitcoins als Belohnung. Man spricht von Mining, auf deutsch dem „Schürfen von Bitcoins".

Bisher gibt es nach Angaben der Internetseite Coinmarketcap knapp 20 Millionen Bitcoins, bei 21 Millionen soll Schluss sein. Der Zuwachs verlangsamt sich aber immer weiter. Man kann auch Bruchteile von Bitcoins handeln, zum Beispiel Millibitcoins.

Stiftung Warentest Finanzen empfiehlt Investition nicht

Zwar werden Bitcoin, Ethereum und Co umgangssprachlich als Kryptowährungen bezeichnet, aber kaum jemand bezahlt tatsächlich mit ihnen. Sie dienen hauptsächlich zur Spekulation auf Gewinne.

Warum rät die Stiftung Warentest von Bitcoin als Geldanlage ab und nicht von Aktien-ETF, deren Kurse auch auf und ab gehen können? In einem weltweiten Aktienfonds stecken Anteile Hunderter Firmen, die mit Innovationen versuchen, Produkte und Dienstleistungen an die Kunden zu bringen.

Hinter Kryptoanlagen wie dem Bitcoin dagegen steht zwar eine faszinierende Technologie, aber ein echter „Wert“ für die Coins ist unmöglich zu ermitteln. Anleger müssen hoffen, dass ihnen jemand zu einem späteren Zeitpunkt mehr Geld für ihre Coins zahlt, als sie selbst bezahlt haben. Warum derjenige das tun sollte, ist unklar. Wir empfehlen daher keine Investition. Investitionen in Kryptowährungen sind hoch riskant. Extreme Kurseinbrüche bis hin zum Totalverlust sind möglich. Davor, Bitcoins als Wertaufbewahrungsmittel anzusehen – der dritten Funktion, die eine Währung erfüllt – warnen Bundesbank und Finanzaufsicht Bafin. Anleger könnten das eingesetzte Geld komplett verlieren.

Währungen funktionieren anders

Bitcoins sind in Deutschland kein gesetzliches Zahlungsmittel. Niemand ist verpflichtet, sie anzunehmen und nur wenige tun das überhaupt, wie ein paar Läden, Cafés, Kneipen oder der Essensbringdienst Lieferando. Wikimedia, die Stiftung hinter Wikipedia, nimmt Spenden in Bitcoins an. Auch Mozilla, den Betreiber des Internetbrowsers Firefox, kann man mit Bitcoins unterstützen.

Eine Währung sollte sich zur Wertübertragung eignen – was angesichts der heftigen Kursschwankungen beim Bitcoin kaum möglich ist. Man stelle sich vor, das Gehalt käme in Bitcoins. In einem Monat könnte man damit die Miete bezahlen, im nächsten Monat eine Villa kaufen – und im übernächsten womöglich nur ein paar Brötchen.

Niemand würde sich auf dieses Spiel einlassen, wenn es um seine Existenz ginge. Dann doch lieber Euro. Eine Schutzfunktion kann der Bitcoin jedoch in Ländern mit hoher Inflation oder Kapitalverkehrskontrollen entfalten.

Schutz vor extremen Krisen

Ein positives Beispiel für die Praxis lieferte der Bitcoin im Jahr 2022 allerdings auch: Als die ersten Geflüchteten aus der Ukraine Deutschland erreichten, hatten viele von ihnen größere Mengen Bargeld der ukrainischen Währung Hrywnja eingesteckt. Sie mussten dann feststellen, dass diese wertlos für sie geworden war, da es keine sinnvollen Wechselkurse mehr gab. Glück hatten diejenigen, die Bitcoin besaßen. Die Kryptowährung lässt sich relativ leicht wieder zu Geld machen. In so einer Notsituation sind starke Kursschwankungen vielleicht auch nicht so ganz entscheidend.

Wer dennoch Bitcoins kaufen möchte

Wenn überhaupt, sollten Anlegerinnen und Anleger nur Summen investieren, bei denen es nicht schmerzt, wenn das Geld weg ist. Außerdem sollten Sie Handelsplattformen mit einer Lizenz der Finanzaufsicht Bafin zur Verwahrung von Kryptowerten nutzen. Bei unseriösen Anbietern wie der Kryptobörse FTX haben Anlegerinnen und Anleger viel Geld verloren.

Vor extremen Kursabstürzen ist aber niemand geschützt, auch bei seriösen und regulierten Anbietern nicht. Insolvenzen von Unternehmen sind in einem so jungen Marktsegment mit Start-Up-Strukturen ebenfalls üblich. Zuletzt erwischte es die deutsche „Kryptobank" Nuri, die im August 2022 pleiteging. Für die Nuri-Kunden lief alles glatt, sie konnten ihre Kryptowährungen abziehen und zu einem anderen Anbieter transferieren.

Vorsicht vor Absturz und Diebstahl

Wer sich in die Welt der Kryptowährungen begibt, hat nicht nur mit extremen Kursschwankungen zu tun. Es kommen auch Verluste anderer Art vor. Die Gründe dafür sind oft nicht leicht nachzuvollziehen.

Mitunter spielen Schließungen von Bitcoinbörsen eine Rolle oder die Furcht vor staatlicher Regulierung. Immer wieder gerät das digitale Geld unter Druck, weil Hacker eine Plattform leer geräumt haben. Auch wer auf seinem privaten Computer Bitcoins speichert, sollte sich vor Diebstahl schützen. Beim Kauf über eine Handelsplattform landen Krypto-Coins auf einem „Sammelkonto" des Anbieters. Sicherer ist es, sie auf eine eigene Wallet zu übertragen. Eine Wallet ist eine elektronische Geldbörse, in der die Bitcoins gespeichert werden. Die gibt es sowohl als Apps als auch in Form von USB-Sticks. Die Wallet hat eine öffentliche Kontonummer und einen privaten Schlüssel, mit dem man sie verschließen kann. Anleger sollten ihren Computer gut absichern, um nicht Opfer von Diebstahl zu werden.

Mining – eine rechenintensive Aufgabe

Zahlungen mit Bitcoin müssen bestätigt werden. Es ist zum Beispiel zu klären, ob derjenige, der etwas zahlen will, überhaupt genügend Bitcoins besitzt. Außerdem müssen die neuen Datenblöcke mit den aktuellen Zahlungen mit den vorherigen Blöcken der Blockchain verknüpft werden. Dazu sind bestimmte, inzwischen sehr hardware-intensive Rechenaufgaben zu lösen. Wer das als erstes macht und die Zahlung bestätigt, bekommt Bitcoins als Belohnung. Das nennt man Mining (Schürfen).

Bitcoins als Klimakiller

Mit den Anforderungen an die Technik steigt auch der Energieverbrauch. Die Bundesbank wies schon vor Jahren in einem Interview mit dem Handelsblatt auf Berechnungen hin, nach denen eine einzige Bitcoin-Transaktion dem monatlichen Stromverbrauch eines Einfamilienhaushalts in Deutschland entspricht. Umweltfreundlich ist anders.

Aber es gibt Hoffnung: Den Umstieg auf ein deutlich energiesparenderes System hat im September 2022 Ethereum, die Nummer zwei unter den Kryptowährungen, geschafft. Nach Angaben der Entwickler sinkt ihr Energieverbrauch durch die neue Methode um 99 Prozent.

Mythen zu Bitcoin

In der Kryptowelt haben sich einige Mythen über Kryptowährungen etabliert, gegen die eindeutige Argumente sprechen:

„Bitcoin ist das neue Gold."

Diesen Satz liest man im Zusammenhang mit der Kryptowährung immer wieder. Um uns den Zusammenhang von Bitcoin und Gold noch einmal genauer anzuschauen, haben wir eine Korrelationsanalyse gemacht. Eine Korrelation von 1 heißt, dass die Preise von zwei Geldanlagen parallel laufen. Eine Korrelation von −1 bedeutet, dass die Preise sich entgegengesetzt entwickeln. Bei einer Korrelation von Null entwickeln sich die Preise unabhängig voneinander.

Die Korrelation ist nicht unbedingt stabil, je Marktphase kann sie höher oder geringer ausfallen. Deutlich höher ist die Korrelation zwischen dem Weltaktienindex MSCI World und dem Bitcoin. Die Kurse des Bitcoin entwickeln sich also viel stärker wie der Aktienmarkt und nicht so sehr wie der Goldpreis. Die gewünschte stabilisierende Wirkung im Portfolio entsteht mit dem Bitcoin so nicht.

„Bitcoin bietet einen Inflationsschutz."

Als „inflation hedge", also Inflationsschutz, bezeichnen Fans den Bitcoin gerne. Zumindest kurzfristig funktioniert auch das nicht: Seit Anfang 2022 die Inflation massiv angezogen hat, entwickelte sich der Kurs erstmal schlecht. Wäre der Bitcoin eine tatsächlich nutzbare Währung, wären Waren und Dienstleistungen in Bitcoin gerechnet in dieser Phase deutlich teurer geworden als in Euro oder Dollar. Seitdem die Inflation sich wieder etwas normalisiert, steigt der Bitcoin wieder.

„Bitcoin ist unabhängig."

Viele Bitcoin-Fans misstrauen dem Wert von konventionellem Geld, da Staaten und Zentralbanken darauf Einfluss nehmen können. Die Kursverläufe des Bitcoins zeigen aber, dass er bisher keineswegs unabhängig von der Politik war. Als die Zentralbanken anfingen, aufgrund der galoppierenden Inflation die Geldpolitik zu straffen und die Zinsen zu erhöhen, traf das offensichtlich auch ihn hart. Umgekehrt hatte er in den Jahren zuvor vom billigen Geld profitiert. Da man mit dem Bitcoin selbst wenig anfangen kann und ihn früher oder später in eine nutzbare Währung tauschen muss, fehlt es an tatsächlicher Unabhängigkeit.

Andere Kryptowährungen

Die regelmäßigen Kurszuwächse des Bitcoin locken Nachahmer an. Mittlerweile gibt es zigtausende Kryptowährungen. Bitcoin ist Marktführer mit einer Marktkapitalisierung – der Anzahl der Coins multipliziert mit dem aktuellen Wert – von mehr als 2 Billiarden US-Dollar (Juni 2025). Ethereum liegt weit abgeschlagen mit 297 Milliarden Dollar auf Platz 2, gefolgt von Tether mit rund 158 Milliarden Dollar.

Im Juli 2025 bringen es rund 60 der digitalen Währungen auf mehr als eine Milliarde Dollar Marktkapitalisierung, darunter Polkadot, Solana, Ripple und die Spaßmünze Dogecoin. Vor wenigen Jahren hatten nur rund zwei Dutzend Kryptowährungen eine zehnstellige Marktkapitalisierung. Nach wie vor gibt es zahlreiche kleine Währungen, die noch nicht einmal eine Million Dollar schwer sind.

Register

K, L

M, N

O, P

Q, R

S

T

U, V

W – Z

Stiftung Warentest

© 2025 Stiftung Warentest, Berlin
ISBN: 978-3-7471-1001-0

Stiftung Warentest
Lützowplatz 11–13, 10785 Berlin
www.test.de
email@stiftung-warentest.de
USt-IdNr.: DE136725570

Vorständin: Julia Bönisch

Programmleitung: Niclas Dewitz

Projektleitung: Johannes Tretau
Autoren: Karin Baur, Bostjan Krisper, Thomas Krüger, Max Schmutzer, Yann Stoffel
Korrektorat: Dirk Drews, Mühlheim am Main
Grafik, Satz: Christian Königsmann
Verlagsherstellung: Rita Brosius (Ltg.), Romy Alig, Susanne Beeh
Druck: GGP Media GmbH, Pößneck

Bei Fragen zur Sicherheit dieses Produkts wenden Sie sich bitte an:
gpsr@stiftung-warentest.de